Kurt Rommel

Anker, Bibel, Christuszeichen …

Wegweiser durch die Kirche –
Begriffe, Feste, Gegenstände und Symbole

Quell Verlag Stuttgart

1. Auflage 1981, 1.- 8. Tausend
2. Auflage 1982, 9.-13. Tausend
3. Auflage 1984, 14.-16. Tausend
4., neugestaltete Auflage 1985, 17.-21. Tausend

ISBN 3-7918-2174-1

Einbandgestaltung: Heinz Simon, Quell Verlag Stuttgart
Symbole: Albrecht Arnold, Dettingen/Erms
Satz und Druck: Quell Verlag Stuttgart

Inhalt

Christliche Symbole

Fremdwörter und Abkürzungen

Vorwort

Begriffe, Feste, Gegenstände, Symbole im Raum der Kirche: dies alles und noch manches andere wird in diesem Büchlein erklärt. Sicher gibt es in der Kirche grundsätzlichere und wichtigere Dinge, wie zum Beispiel Bibel und Auslegung der Bibel, Glaube und Bekenntnis zum dreieinigen Gott. Aber Bibel und ihre Auslegung, Glaube und Bekenntnis brauchen immer wieder Anknüpfungspunkte, benötigen Aufhänger, bedürfen der Anbindung an sichtbare Dinge wie Kirchengebäude und alles, was sich darin befindet, wie Feste, die das ganze Jahr über begangen werden. Und wer weiß da schon immer Bescheid?
Dieses Büchlein ist darum allen Mitarbeitern in Kirchengemeinde, Jugendarbeit und Kindergottesdienst, Religionsunterricht und Konfirmandenunterricht, ja auch im Kindergarten eine notwendige Hilfe. Darüber hinaus ist es für jedes Gemeindeglied ein Wegweiser durch das Gotteshaus, durch das Festjahr der Kirche, durch die Bilderwelt der verschiedenen Symbole und Zeichen, und schließlich durch das Dickicht von Fremdwörtern und Abkürzungen in der Kirchensprache.
Ein Teil des in diesem Büchlein Gesammelten wurde bereits im Evangelischen Gemeindeblatt für Württemberg veröffentlicht.

Kurt Rommel

Ein Gang durch unser Gotteshaus

Gebäude, in denen sich die Christen an Sonn- und Feiertagen zu Gottesdiensten oder auch während der Woche versammeln, sind an ganz bestimmten Merkmalen und Eigenheiten als Kirchen erkennbar. Man kann sie nur schwer mit gewöhnlichen Wohnhäusern oder anderen öffentlichen Gebäuden verwechseln. Baumeister und Architekten, Künstler jeglicher Art und Theologen haben sich im Lauf der Jahrhunderte darüber Gedanken gemacht, was eine Kirche zur Kirche, womit man ein Haus zum Gotteshaus macht. Auch die Kunst- und Baustile der verschiedenen Epochen haben maßgebend auf den Bau von Kirchen eingewirkt. Hinter allem, was Kirchen zu Kirchen macht, stehen Gedanken und Überlegungen, liegen geistliche und theologische Aussagen verborgen.

Der Gang durch unser Gotteshaus will Steine und Zeichen, Bauteile und Stoffe, Bilder und Einrichtungsgegenstände deuten, will die Sprache der Kirchen verstehbar machen, zumal viele dieser einzelnen Stücke mit Fremdwörtern bezeichnet werden. Nicht in jeder Kirche sind alle nachfolgend aufgeführten Teile zu finden. Auch wenn wir in unserer Heimatkirche nicht alles entdecken, so will dieser Gang durch unser Gotteshaus sie uns nahebringen und Freude an ihr aus uns herauslocken.

Kirchengebäude

Wenn sich eine Gruppe von Menschen versammeln will, benötigt sie einen Raum oder ein Haus. Einst versammelte sich die christliche Gemeinde »hin und her in den Häusern« (Apostelgeschichte 2, 46). Als die Gemeinden größer wurden, genügten diese kleinen Räume nicht mehr. Man baute »Häuser, die dem Herrn (Jesus Christus) gehören«, griechisch »kyriake«, was abgeleitet ist von dem Wort »kyrios«, Herr. Von diesem griechischen Wort kommt unser Lehnwort »Kirche«. Unser deutsches Wort »Gotteshaus« gibt also diesen für uns gängigen Begriff »Kirche« richtig wieder. Die Gemeinden legten großen Wert darauf, ein würdiges Gotteshaus zu besitzen. Sie scheuten weder Geld noch andere Opfer, um einen würdigen Versammlungsraum, eine würdige Kirche ihr eigen zu nennen: zum Singen und Beten, Predigen und Hören, für Tauf- und Abendmahlsfeiern. Dieses Gotteshaus, zumeist in der Mitte des Ortes errichtet, sollte ein Bekenntnis zum Herrn sein und als »Herrenhaus« auf den wahren Herrn dieser Erde hinweisen. Wo immer wir auf eine Kirche treffen, weist sie uns darauf hin, daß sie Ausdruck eines Bekenntnisses zu dem Herrn sein will, bei dem man sich geborgen weiß.
Die Kirchen in unseren Dörfern und Städten sagen uns: Bei Jesus Christus, unserem Herrn, sind wir geborgen in Zeit und Ewigkeit.

Kirchturm

Das auffälligste Kennzeichen einer Kirche ist der Turm. Ihn sehen wir schon von weitem zuerst. Der Turm ragt wie ein ausgestreckter Finger in den Himmel und macht auf die Kirche und den Herrn der Kirche aufmerksam: »Es ist nur *ein* Gott und sonst keiner!« Die Kirchtürme haben je nach Baustil verschiedene Formen, zum Beispiel Zwiebel oder Spitzen. Kennzeichnend für die Türme war früher, daß sie alle anderen Häuser des Ortes weit überragten. Fast alle Tür-

me tragen eine weithin sichtbare Spitze mit Kreuz, Hahn oder Schwan oder verschiedenen anderen Symbolen. Die meisten Türme sind zugleich Glockentürme und lassen den Schall der Glocken weithin hören. Viele Türme sind auch Uhrtürme, sie haben an einer, zwei oder allen vier Seiten eine Uhr. Eine Kirche ist wegen ihres Turms nicht zu übersehen und bezeugt damit: »Wir haben nichts zu verbergen.« Daß mit dem Kirchturm, der Gott groß machen will, der falsche Turm, der den Menschen verherrlichen will (vgl. 1. Mose 11, 1-9), abgewehrt werden soll, ist anzunehmen. Möglicherweise wollten die alten Turmbauer auch an die neue Stadt Jerusalem erinnern (Offenbarung 21,23), die wie ein Turm in den Himmel reicht und ein Turm zu Gottes Lob ist.
Die Kirchtürme sagen uns: Es gibt nur einen Gott! Vergeßt ihn nicht!

Turmspitze

Die Turmspitzen sind vielfältig gestaltet. Man wollte die höchste Stelle des Turmes zu einer Predigt nützen. Wetterfahne, Kugel, Stern, Kreuz, Engel, Hahn, Schwan und manches andere kann man auf den verschiedenen Kirchtürmen entdecken. Die für uns wichtigsten sind Kreuz und Hahn.
Die meisten katholischen Kirchen (nicht alle!) sind durch ein Kreuz auf dem Turm gekennzeichnet. Das Kreuz erinnert an Jesus Christus, der für uns gelitten hat, der gestorben und auferstanden ist. Es ist ein christliches Kennzeichen, das auch sonst in den Kirchen zu sehen ist. Die meisten evangelischen Kirchen (nicht alle!) haben einen Hahn auf der Turmspitze. Der Hahn erinnert an Petrus, der am Vorabend des Todes Jesu seinen Herrn verleugnet hat: »Ehe der Hahn zweimal kräht, wirst du mich dreimal verleugnen« (Markus 14, 26-42. 66-72). Der Hahn macht deutlich, wie schnell man, fast unbemerkt, den Herrn verraten und verleugnen kann. Diese ernsthafte Aussage wird manchmal durch den Wetterhahn etwas neutralisiert.
Die Turmspitzen sagen uns: Denkt an Jesus Christus und verratet und verleugnet ihn nicht!

Turmuhr

Nicht alle Kirchtürme tragen Uhren. Aber es sind noch viele. Der Kirchturm, wenn nicht der einzige, so doch der höchste Turm in Dorf und Stadt, mußte anzeigen, was die Stunde geschlagen hat, als noch niemand eine Uhr zu Hause, geschweige denn bei sich in der Tasche oder am Arm hatte. Man war auf die Uhr und ihren Stundenschlag angewiesen. Die Kirche gab mit ihrer Uhr die Zeit an. Zunächst ging es aber weniger um die Kirche, als vielmehr um den Herrn der Kirche, der mit der Uhr am Kirchturm auch als der Herr der Zeit bezeugt wurde. Menschen, die die Uhren an den Kirchtürmen anbrachten, bekannten damit: »Meine Zeit steht in deinen Händen« (Psalm 31, 16). Die Zeit ist uns Menschen als Darlehen gegeben. Wir können mit ihr anfangen, was wir wollen, sie verbringen, sie vertreiben, sie totschlagen, sie nützen. Aber Anfang und Ende der Zeit bestimmt der Herr der Zeit. Die Kirchturmuhren erinnern uns an die Ewigkeit.
Kirchturmuhren sagen uns: »Schlagt die Zeit nicht tot!« Sie mahnen uns: »Kauft die Zeit aus!« (Epheser 5, 16).

Glocken

Glocken sind zunächst nichts typisch Kirchliches oder Christliches. Auch heute gibt es Glocken in vielfältiger Form: an Haustüren, auf Rathaustürmen und an Rinderhälsen auf der Weide. Die Glocken wollen für jemand Gehör verschaffen. Oder: Jemand möchte sich Gehör verschaffen. Die Kirchenglocken kündigen an, daß Gott reden will, und laden auf diese Weise zum Gottesdienst ein. Sie erinnern zum Beispiel durch das Läuten am Samstagabend an den folgenden Sonntag (»Glocken läuten den Sonntag ein«), in dessen Mittelpunkt der Gottesdienst steht. Zu jedem Gottesdienst läuten die Glocken, am Sonntag und am Werktag, zu Trauung, Taufe und Bestattung. Sie rufen da und dort auch noch zum Gebet, wenn ihr Schall nicht

durch den Verkehrslärm übertönt wird: Morgen-, Mittag- und Abendläuten. Von daher ist verständlich, wenn sich Kirchengemeinden — mit Recht — dagegen wehren, das Glockenläuten für weltliche Zwecke zu genehmigen. In katholischen Gemeinden werden in der Passionszeit gelegentlich die Glocken durch Rätschen ersetzt. — Die Glokken werden in besonderen Gießereien gegossen (vgl. dazu das »Lied von der Glocke« von Schiller). Es gibt kleine und große, hohe und tiefe Glocken. Und je nach Platz auf dem Turm und Vermögen einer Gemeinde gibt es ganz kleine Geläute (ein oder zwei Glocken) oder größere (drei und mehr Glocken). Die Töne der Glokken sind dann aufeinander abgestimmt; etwa a, g, c, d (die Anfangstöne des Chorals »Christ ist erstanden«).
Die Glocken sagen uns: Vergiß den Gottesdienst und das Beten nicht.

Kirchentür

Zu jedem Haus gehört eine Tür. Es lag nahe, gerade den Eingang in die Kirche schön zu gestalten. Und es fällt auf, wieviel Liebe in die Gestaltung der Türen, ja der ganzen Eingänge investiert wurde. Es sollte von außen schon klar und deutlich werden, welches Haus man betrat. Die Türen sind oft mit Bildern, Schnitzereien oder Schmiedearbeiten versehen, die biblische Geschichten oder Episoden aus Gemeinde und Kirche darstellen und Einblicke in die Kirchengeschichte geben. — Die Tür ist ein für sich sprechendes Bild. Jesus benützt in seinen Reden dieses Bild. Er sagt: »Gehet ein durch die enge Pforte!« (Matthäus 7, 13). Oder: »Ich bin die Tür zu den Schafen« (Johannes 10, 7).
Die Kirchentüren sagen uns: Kommt herein und hört die Geschichten der Bibel!

Kirchenschiff

Der große Kirchenraum wird »Schiff« genannt. Diese Benennung rührt vom Aussehen her. Die hohen Wände schützen. Das Schiff bietet Rettung im weiten Meer. Im Meer kann man untergehen. Im Schiff ist man geborgen. Und wie oft hat das Kirchenschiff tatsächlich vor Gefahr bewahrt und Feinde abgehalten. Schon vor Jahrhunderten wurde es üblich, nicht nur diesen Raum, sondern auch die Menschen, die sich in diesem Raum versammelten, »Schiff« zu nennen. Die Gemeinde ist das »Schiff«, in dem sich Menschen geborgen wissen (vgl. das Lied »Ein Schiff, das sich Gemeinde nennt«). Auch das Symbol der ökumenischen Bewegung ist nicht umsonst das Schiff, in dem man sich geborgen weiß. Das Schiff rettet vor dem Sturm und vor dem Untergang, wie die Arche Noahs (1. Mose 6-8), wie beim Sturm auf dem See Genezareth. Bei dieser Sturmgeschichte (Matthäus 8, 23-27) aber zeigt sich, daß das Schiff erst dann retten kann, wenn Jesus Christus dabei ist. Ohne ihn geht das Schiff unter. Darum ist der Bau des Kirchenschiffs ganz bewußt so angelegt, daß man dorthin blicken muß, wo dieser Herr verkündigt wird: zu Kanzel, Taufstein und Altar.
Das Kirchenschiff sagt uns: Im Schiff der Gemeinde bist du geborgen.

Chorraum

Der Chorraum ist die Fortsetzung des Kirchenschiffs. Dieses war früher den Laien vorbehalten, der Chorraum den Priestern. Da früher nur die Priester sangen, gemeinsam als Chor, nannte man den Raum, der für diesen Priesterchor vorgesehen war, den Chor-Raum, der durch die Kanzel vom Kirchenschiff getrennt war. Die Geistlichen mußten und müssen durch die Botschaft Gottes den Himmel öffnen und Menschen den Weg zu Gott weisen. Sie hatten ihren Auftrag darin zu sehen, den Laien den Weg zu Gott zu ermöglichen. Die Geistlichen waren die Stellver-

treter Gottes. Wir evangelischen Christen können heute die Trennung zwischen Chor und Schiff so nicht mehr verstehen und bewerten; dennoch nehmen wir den Hinweis auf, daß wir durch den Chorraum auf den offenen Himmel Gottes aufmerksam gemacht werden. Heute singen nicht nur Priesterchöre, sondern auch die Gemeinden, und meistens wird auch nicht mehr im Chorraum unserer Kirchen gesungen.
Der Chorraum sagt uns: Gottes Himmel ist für uns offen.

Sakristei

Die Sakristei ist ein kleiner Raum im Kirchengebäude. Von ihm aus kommt man in den Chorraum oder ins Kirchenschiff, zu Kanzel, Altar und Taufstein. Das Wort »Sakristei« kommt vom lateinischen »sacer«, das »heilig« bedeutet. Es ist also ein sakraler, ein heiliger Raum, der dem Dienst der Verkündigung bzw. der Vorbereitung dieses Dienstes zur Verfügung steht. In der Sakristei bereitet sich der Pfarrer noch einmal für seinen Dienst im Gottesdienst vor, wird still, betet und besinnt sich auf das, was Gott durch ihn sagen will. In manchen Gemeinden steht die Sakristei auch für die Beichte zur Verfügung. Außer diesen ursprünglichen Verwendungszwecken dient die Sakristei heute auch als Aufbewahrungsort für alle Bücher, Mittel und Geräte, die zum Gottesdiensthalten nötig sind: Paramente, Kerzen, Agenden, Instrumente, Liederbücher und Bastelmaterial für den Kindergottesdienst, Verteilmaterial für die Gemeinde, Schaukastenmaterial und Geräte aller Art wie Lichtbildwerfer, Tageslichtschreiber usw. Wenn in der Gemeinde ein Gemeindehaus fehlt, muß die Sakristei sogar als Wahllokal dienen.
Die Sakristei sagt uns: Gottes Wort muß aus der Stille kommen, bedarf aber oft menschlicher Mittel, um bei uns anzukommen.

Krypta

In alten Kirchen und Kapellen gibt es manchmal eine Krypta. Dieses Wort kommt aus dem Griechischen und bedeutet »das Verborgene« oder »der verborgene Raum«. Eine Krypta erinnert an die erste Christenheit und besonders an die Zeiten, in denen die Christen verfolgt wurden. Damals suchten sie für ihre Versammlungen verborgene Orte. So kamen sie zum Beispiel in Katakomben (das sind unterirdische Gänge und Gewölbe) zusammen, in denen man früher die Verstorbenen beisetzte. Die Christen hatten keine Angst vor den Toten. Sie hielten ihre Gottesdienste bei und mit den Toten. In Erinnerung an diese Uranfänge der Christenheit wurden später, als die Gemeinden sich eigene Gebäude (Kirchen) bauten, solche verborgenen Räume unter der Kirche, und zwar unter Kreuz und Altar, eingerichtet. Man nannte sie Krypta und begrub darin Verstorbene; häufig waren es angesehene Tote wie Bischöfe und Fürsten.
Die Krypta sagt uns: Die Kirche unter dem Kreuz ist oft eine verfolgte Kirche.

Säulen

Vor allem alte Kirchen haben einen Innenraum, der durch Säulen bestimmt wird. Sie tragen das Dach. Diese Säulen, die auch das Hauptschiff von den Nebenschiffen trennen, sind oft sehr kunstvoll gestaltet. Säulen sind uns zunächst außerhalb von Kirchen bekannt: freistehende »Ehrensäulen«, die man zu Ehren von berühmten Menschen aufstellte, oder Siegessäulen, die an siegreich geschlagene Schlachten erinnern, oder Fruchtsäulen, die am Ende des Erntejahres als Dank aufgerichtet werden. Die Säulen würdigen also bestimmte Personen oder Ereignisse. Den Begriff »Säule« kennen wir auch aus einem anderen Zusammenhang: Wir nennen gelegentlich einen Menschen, der für eine Gruppe wichtig ist, eine »Säule«. Die Apostel etwa werden Säulen der Urgemeinde genannt.

Im Mittelalter hat man mit den Säulen in den Kirchen ganz bewußt an diese apostolischen Säulen erinnert, an diese Männer, die besondere Verantwortung in der Gemeinde trugen. In Offenbarung 3, 12 wird sogar gesagt, daß der, der mit seinem Glauben durchhält, eine »Säule im Tempel Gottes« werden solle. Die Säulen sagen uns: Scheut euch nicht vor der Verantwortung in der Gemeinde und traut den alten Zeugen der Kirche.

Fenster

Zu einem Haus, in dem man wohnen möchte, gehören Fenster, die das Licht von außen in den Innenraum hereinlassen. Fenster gehören auch zu einer Kirche. Allerdings sind Kirchenfenster etwas Besonderes. Das Glas ist meist kein gewöhnliches Fensterglas. Man kann von außen nicht in den Innenraum blicken und von innen nicht nach draußen sehen. Künstler haben sich viel einfallen lassen, um diese Fenster kunstvoll zu gestalten. Die Art der Gestaltung macht deutlich, daß die Kirchenbesucher mehr brauchen als die Sonne am Himmel. Sie sind auf das Licht Gottes angewiesen. Die bunten Scheiben deuten mit ihrer Farbenpracht auf die Herrlichkeit Gottes hin. Viele Fenster sind als Glasbilder gestaltet. Sie halten ihre Predigt mit den Darstellungen der biblischen Geschichte und erinnern an Vorgänge der Kirchengeschichte, aber nur den, der in den Innenraum geht. Erst von innen erschließen sich Schönheit und Bedeutung der Fenster. Wer nur von außen an die Bilder herantritt, sieht und versteht nichts.

Die Kirchenfenster sagen uns: Wir leben von Gottes Licht.

Kirchengestühl

Viele Kirchen haben heute lange Bänke oder Stuhlreihen. Bänke und Stühle lassen den Blick nach allen Seiten frei und können das Gefühl der Gemeinschaft aufkommen lassen. Der einzelne Kirchenbesucher weiß sich nicht allein. Er sieht den, mit dem er singt und hört und betet. In alten Kirchen findet man noch da und dort ein Kirchengestühl. In den einzelnen Kirchenstühlen ist Platz zum Stehen, Sitzen und Knien. Jeder einzelne Christ hat seinen eigenen, abgegrenzten Stuhl. Er ist ganz für sich und steht, sitzt oder kniet ganz allein vor Gott. So wichtig die Gemeinschaft in der Kirche und das Wissen um die Zusammengehörigkeit sind, so wichtig ist der einzelne vor Gott und bei Gott. In der christlichen Kirche ist beides nötig: allein und gemeinsam vor Gott leben. Daß es auch um den einzelnen und den ganz bestimmten Christen geht, wird an den Namen deutlich, die in manchem Kirchenstuhl — aber auch sonst auf alten Kirchenbänken — stehen.
Der Kirchenstuhl sagt uns: Ich habe meinen Platz in der Kirche vor Gott.

Orgel

Ohne Musik ist eine christliche Gemeinde nicht zu denken. Neben Posaunen, Blas- und Streichorchester und Gitarren ist und bleibt die Orgel das Hauptinstrument. Sie gilt überall als die Königin der Instrumente, weil in ihr vielerlei Instrumente vereinigt sind oder nachgebildet werden: Posaune und Zimbel, Trompete und Viola; so heißen dann auch einzelne Register. Wahre Meisterwerke wurden in den vergangenen Jahrhunderten gebaut, und Orgelbaumeister waren angesehene Leute. Heute gibt es schon — im Zuge der technischen Fortentwicklung — (billigere) elektronische Orgeln. Die alte (teurere) Pfeifenorgel, die auch heute noch gebaut wird, versucht die menschliche Stimme nachzuahmen und zu verstärken. Der nötige Wind

strömt aus dem Blasebalg (= Lunge) durch die Windkanäle (= Luftröhre) in die Pfeifen und Zungen (= Mund). Die meisten Orgeln haben mehrere Manuale (zum Spiel mit den Händen) und ein Pedal (zum Spiel mit den Füßen). Die Orgel ist nicht Herrin, sondern Dienerin des Wortes Gottes, so wie die ganze Kirchenmusik. Die Orgel will die Gemeinde zum Singen anregen und ermuntern und sie beim Singen begleiten.
Die Orgel sagt uns: Das Lob Gottes kann nicht laut und schön genug gesungen und musiziert werden.

Kanzel

Unter »Kanzel« verstehen wir heute den Platz, das Pult oder Podest, von wo aus der Pfarrer predigt. Ursprünglich — in früherer katholischer Zeit — meinte man aber mit der Kanzel die Schranke, die das Kirchenschiff und den Chorraum voneinander trennte. Von dort aus, vom Chorraum herkommend, predigte der Priester oder Pfarrer. Um aber den Prediger besser sehen und hören zu können, erhöhte man diesen Platz. Wie alles in der Kirche, so wurde auch die Kanzel reichlich verziert und vielfältig gestaltet. Bilder und Symbole wurden angebracht, biblische Geschichten und Gestalten, Mose oder die Propheten, oft auch die vier Evangelisten (Matthäus, Markus, Lukas, Johannes) wurden dargestellt, um auf diese Weise auf die Botschaft, den Inhalt der Predigt hinzuweisen. In alten Kirchen hat man die Stütze oder den Sockel der Kanzel, die Kanzel selbst und das »Dach«, den Schalldeckel über der Kanzel, als Einheit verstanden, baulich, gestalterisch und thematisch. Auf dem Kanzeldeckel sind gelegentlich Engel dargestellt oder sonstige Hinweise auf die Ewigkeit zu sehen.
Die Kanzel sagt uns: Nur wer auf Gottes Wort hört, kann auch gehorchen und so zu Gott gehören.

Altar

Der Altar steht im Mittelpunkt des Chorraums. »Altar« kommt aus dem Lateinischen und bedeutet »hoch« und »Opfertisch« und erinnert an den Berg Sinai (die Bekanntgabe des Gesetzes, der Zehn Gebote) und an den Berg Golgatha (die Opferung Jesu als Inhalt des Evangeliums). Der Altar ist der Ort der Kommunion und des Abendmahls. Da das Abendmahl für evangelische Christen keine Opferhandlung und kein Opfermahl ist, ist der Altar für sie auch nicht der Ort, auf dem ein Opfer (wenn auch ein unblutiges) gebracht wird, sondern der Abendmahlstisch, an den zu Brot und Wein eingeladen und somit an das letzte Mahl Jesu mit seinen Jüngern erinnert wird. Die Form der alten Stein-Altäre gleicht einem Opfertisch (der Stein gehört zur Opferhandlung), aber auch einem Sarg oder gar einem Grab, wobei an den Tod Jesu und sein Grab gedacht wird, aber auch an den Tod aller Menschen, für die der Tod Jesu gilt. Die Tischform aus Holz, in vielen neuen evangelischen Kirchen üblich, entspricht am meisten dem biblischen Verständnis des Abendmahls als eines Mahls der Gemeinschaft Jesu mit seinen Jüngern und der Gemeinde untereinander.
Der Altar sagt uns: Du bist eingeladen an den Tisch Jesu Christi und damit zum Mahl des Lebens in Zeit und Ewigkeit.

Abendmahlsgerät

Um das Abendmahl halten zu können, ist das Abendmahlsgerät nötig. Um deutlich zu machen, daß es bei diesem gemeinsamen Essen und Trinken um eine besondere Mahlzeit geht, haben sich die Kirchengemeinden die einzelnen Stücke des Abendmahlsgerätes einiges kosten lassen, für Gestaltung, Ausführung und Wahl des Materials.
Das *Ciborium* ist der Behälter für das Brot. Ursprünglich ist mit diesem Wort das Fruchtgehäuse der ägyptischen Bohne gemeint, die man als Trinkgefäße, später als

Schmuckkästen benützte.
Auf einer *Patene* (= sichtbar sein) wird der Gemeinde das Brot oder die Hostie (ungesäuertes Brot) gereicht.
Die *Kanne* enthält den Wein.
Im *Kelch* wird der Wein ausgeteilt. Heute werden statt des einen Kelchs schon öfter, aus hygienischen Gründen, Einzelkelche für alle verwendet. Aber auch die kleinen Einzelkelche deuten hin auf den Symbolgehalt dieses Geräts: Der *eine* Kelch ist das Symbol des neuen Bundes und erinnert an Jesu letztes Mahl mit seinen Jüngern und an den Garten Gethsemane, wo Jesus gebetet hatte, der Kelch des Leidens möge an ihm vorübergehen.
Die Abendmahlsgeräte sagen uns: »Kommt, es ist alles bereit!«

Altarbibel

Das Wort »Bibel« kommt aus der griechischen Sprache (biblos) und heißt »Buch«. So wichtig ist für Christen die Bibel Alten und Neuen Testaments, daß sie ganz schlicht von »dem Buch« reden können und dann wissen, was gemeint ist. In ihren beiden Teilen bringt die Bibel die ganze gute Botschaft Gottes zu uns Menschen. Die Bibel hat ganz bewußt ihren festen Platz auf dem Altar, um das »sichtbare Wort« (Brot und Wein), das vom Altar her ausgeteilt wird, zu deuten, um das Abendmahl von anderen Mahlzeiten zu unterscheiden. In jedem Gottesdienst wird aus der Bibel vorgelesen. Ohne Bibellesung kann man sich keine Kirche und keinen Gottesdienst vorstellen. Die Altarbibeln sind oft kostbare Ausgaben, kunstvoll (von wahren Künstlern) in Leder gebunden, mit Goldschnitt versehen, auf kostbarem Papier gedruckt und wunderbar ausgemalt. Viele alte Altarbibeln haben eine bewegte Geschichte und spiegeln die Geschichte ihrer Kirchengemeinde wider.
Die Altarbibel sagt uns: »Dein Wort ist meines Fußes Leuchte und ein Licht auf meinem Wege« (Psalm 119, 103).

Leuchter

Die Praxis, Leuchter, Kerzen und (Öl-)Lampen in den Kirchen aufzustellen, kommt aus der Zeit, in der es keine anderen Möglichkeiten gab, die Kirchen zu beleuchten. Auf den Altar Leuchter zu stellen, haben die Kirchen aus dem jüdischen Synagogen- und Tempelgottesdienst übernommen (siehe auch den nächsten Abschnitt »Kerzen«). Der siebenarmige Leuchter, die jüdische »Menora«, findet seine Entsprechung in unseren Kirchen: je drei Leuchter zu den beiden Seiten des Altarkreuzes beziehen das Kreuz als das siebte Licht mit ein. Damit wird der Gekreuzigte, der Kruzifixus, als Licht bezeichnet, als *das* Licht der Welt bekannt. Die Zahl »sieben« setzt sich in der christlichen Kirche aus der Summe der Dreieinigkeit (Vater, Sohn und Geist) und der Vierzahl der Elemente (Erde, Wasser, Feuer und Luft) zusammen. Die Siebenzahl ist die Zahl der Vollkommenheit (sieben Tage der Woche usw.). Wenn nur vier Leuchter aufgestellt sind, dann sollen sie wohl an die vier Evangelisten erinnern. Und wenn es nur zwei sind, dann weisen sie auf das Alte und Neue Testament hin oder — wenn das Kreuz einbezogen wird — auf die Dreieinigkeit. Die Leuchter sagen uns: Jesus Christus ist das Licht der Welt; seid auch ihr das Licht der Welt.

Kerzen

Der Brauch, Leuchter und Kerzen auf dem Altar aufzustellen, wurde beibehalten, auch als andere Lichtquellen in den Kirchen installiert wurden. Die Kerzen hatten zunächst einmal den Sinn, das Lesen zu ermöglichen. Der Brauch, Kerzen zu brennen, ist sinnvoll. Die Kerze macht deutlich, was Liebe ist: »Er muß wachsen, ich aber muß abnehmen« (Johannes 3, 30). Die Kerze verzehrt sich durch ihr Leuchten, im Dienst für andere: »Niemand hat größere Liebe denn die, daß er sein Leben läßt für seine Freunde« (Johannes 15, 13). Es gibt Vorrichtungen, die die ab-

brennenden Kerzen immer in der gleichen Höhe halten. So schön gleich hohe Kerzen auch aussehen mögen, sie machen das Leuchten für andere, dieses sich Verzehren für andere nicht deutlich. Elektrische Kerzen am Christbaum (in der Kirche) mögen gelegentlich ein nötiger, weil ungefährlicher Ersatz für echte Kerzen sein, aber sie sind und bleiben ein schlechter Ersatz — wegen der Deutung.
Die Kerzen sagen uns: Vergiß den Dienst Jesu an dir nicht und vergiß den Dienst nicht, den du zu tun hast.

Paramente

Kanzel und Altar werden mit besonderen Tüchern behängt, die man Paramente (= das Bereitete) nennt. Tischtücher machen eine Mahlzeit festlich. Die Paramente sollen den Gottesdienst und das Mahl festlich gestalten. Die Vorderseite des Altars bedeckt das »Frontale« (= das Stirntuch) oder das »Antependium« (= das Herabhängende), das nur ein Streifen ist, also nicht den ganzen Altar bedeckt. Von der Kanzel hängt der »Kanzelbehang« herab. Altar- und Kanzelparamente werden in den gleichen liturgischen Farben hergestellt und benützt. Die Paramente begleiten die Gemeinde durch das ganze Kirchenjahr. Die Grundfarbe Weiß kennzeichnet Christusfeste (Weihnachten und Ostern zum Beispiel), Rot die Kirchenfeste (wie Pfingsten und Reformationsfest), Violett die Fastenzeiten (Advents- und Passionszeit), Schwarz den Karfreitag und die Traugottesdienste, Grün alle übrigen Sonntage im Kirchenjahr, die keinen besonderen Schwerpunkt haben. Die Paramente sind meist künstlerisch gestaltet, von einer eigens dazu eingerichteten Paramenten-Werkstätte oder von talentierten Frauen der Gemeinde. Die Paramente sind gestickt, gewebt oder geknüpft. Symbole, Zeichen oder gar ganze Bilder weisen auf die Kirchenjahreszeit oder den bestimmten Sonntag hin.
Die Paramente sagen uns: Die Botschaft von Jesus Christus ist immer dieselbe; sie hat aber im Laufe des Kirchenjahres ihre verschiedenen Schwerpunkte.

Blumenschmuck

Blumen und Blüten sind Ausdruck von Leben und Freude. Wenn wir Feste feiern, dann schmücken wir Haus und Räume mit Blüten und Blumen und jungem Grün. Das ganze Jahr über werden die Kirchen geschmückt mit Blumen und Pflanzen der jeweiligen Jahreszeit. Sie weisen auf das Fest hin, das Christen mit jedem Gottesdienst begehen: das Fest der Auferstehung Jesu Christi. Zugleich wird damit ausgedrückt, daß das Schönste und Beste an Blüten und Blumen ins Gotteshaus gehören soll. In vielen Gemeinden geben Gemeindeglieder ihre schönsten Blumen als Schmuck für die Kirche.
Der Blumenschmuck sagt uns: Wir freuen uns, daß wir Gottes Botschaft hören können.

Taufstein

In katholischen Kirchen steht der Taufstein in der Taufkapelle meistens neben dem Eingang der Kirche. In den evangelischen Kirchen hat der Taufstein vor dem Chorraum in der Nähe von Kanzel und Altar seinen Platz. Damit wird ausgedrückt, daß Predigt, Taufe und Abendmahl, das Wort und die beiden Sakramente, das hörbare und zweifach sichtbare Wort Gottes, zusammengehören. Wenn der Taufstein wirklich aus Stein ist, erinnert er an den Felsen, aus dem Mose einst im Auftrag Gottes Wasser geschlagen hat (2. Mose 17, 1-7). Alte Taufsteine haben oft noch ein tiefes, großes Becken, in dem kleine Kinder Platz haben. Früher wurden die kleinen Täuflinge bei der Taufe im Wasser ganz untergetaucht (»Taufe« kommt von dem Wort »tauchen«). Heute sind diese großen Becken durch eine kleine Schale mit einer Wasserkanne ersetzt, die beide meist kunstvoll gestaltet und aus kostbarem Metall sind. Auch die Taufsteine selbst, aus Holz oder aus Stein, sind nicht selten Kunstwerke von Kunstschreinern oder Steinmetzen.
Der Taufstein sagt uns: »Wer glaubt und getauft wird, der wird gerettet« (Markus 16, 16).

Lesepult

In alten Zeiten wurde vor oder neben dem Altar ein Lesepult aufgestellt, um den Altar, der für Kommunion und Abendmahl gebraucht wurde, von Bibel und Bibellesung zu entlasten. In vielen Gemeinden wird diese alte Sitte wieder aufgenommen. Vom Lesepult aus erfolgt die sonntägliche Schriftlesung, oft von einem Lektor oder sonstigen Gemeindeglied. Auch Bekanntgaben aus dem Leben der Gemeinde werden vom Lesepult aus gemacht. Wort Gottes und das Leben der Gemeinde gehören zusammen: Wort und Tat, Bibel und Leben. Die Lesepulte wurden vielfältig gestaltet. Schreiner, Holzschneider, Schnitzer und andere Künstler waren daran beteiligt. Wenn am Fuß des Lesepults Ungetüme zu sehen sind, dann soll damit gesagt werden, daß das Wort Gottes, das darüber verlesen wird, über sie Macht hat. Wenn Engel, Stier, Adler und Löwe als Gestalten zu erkennen sind, dann sind das die vier Evangelistensymbole, die auf die Verkündigung des Wortes Gottes hinweisen. Lesepulte sagen uns: Lehre und Leben, Wort und Tat, Gott und Welt gehören zusammen.

Grabdenkmäler

Nicht nur in der Krypta, auch im Chorraum und im Kirchenschiff sind in alten Kirchen oft Grabdenkmäler oder Grabplatten zu sehen. Und auf dem Friedhof um die Kirche gibt es sie, alte und neue, in großer Zahl. Die Grabmäler jeglicher Art zeugen von der Liebe der Lebendigen zu den Toten. Sie zeugen aber auch von der geistlichen Haltung und der Glaubenseinstellung der Leidtragenden. Viele Denkmäler versuchen den Verstorbenen in Erinnerung zu halten und drücken Trauer, Hilflosigkeit und Hoffnungslosigkeit aus. Andere aber bezeugen durch lange Sätze und Inschriften, woher die Hinterbliebenen ihre Kraft holen. Mit Bibelworten wie »Ich bin die Auferstehung und das Leben« oder mit Bekenntnissen wie »Jesus lebt!« oder mit

Symbolen und Zeichen wie Palmzweig, Kreuz, A und O und anderen bekennen sie ihren Glauben an den Sieg Jesu Christi über den Tod. Grabmäler sagen uns: Wir müssen alle sterben; aber Jesus hat den Tod besiegt.

Kunstwerke

In der Bibel steht der Satz: »Du sollst dir kein Bildnis noch irgendein Gleichnis machen... Bete sie nicht an« (2. Mose 20, 4-5). Damit wird ganz eindeutig das Bilderanbeten verboten. Damit ist aber nicht verboten, was sich seither in den Kirchen eingefunden hat. Die Bilder dort, häufig wahrhafte Kunstwerke (Gemälde, Fresken, Schnitzereien, Skulpturen usw.), wollen und sollen nichts anderes als biblische Geschichte oder die Geschichte Gottes mit den Menschen und seiner Kirche nacherzählen und damit verkündigen. Für leseunkundige Gemeindeglieder waren Bilder und Plastiken sichtbare Predigten, die »Bibel der Armen« (biblia pauperum). Die Totentänze zum Beispiel erinnern daran, daß alle Menschen sterben müssen: der Kaiser und der Bettler, der Papst und der Mönch, der Fromme und der Gottlose, und daß Gott Gericht hält. Andere Bilder weisen auf wichtige Persönlichkeiten in der Kirche hin (Heilige in der katholischen Kirche; Martin Luther und andere in der evangelischen Kirche). Leider hat die evangelische Kirche heute ein gebrochenes Verhältnis zur Kunst und zum Kunstwerk. Dahinter mag noch das Bilderverbot und die daraus kommende Bilderfeindlichkeit der Reformierten stecken.

Die Kunstwerke sagen uns: Gottes Geschichte kann man nicht nur hören, sondern auch sehen.

Kreuz

Das Kreuz gehört zur Kirche. An verschiedenen Stellen des Gotteshauses ist es zu finden: auf dem Turm, auf dem Altar, über dem Altar im Chorraum, in den Fenstern, auf Bildern und Skulpturen. Obwohl für viele das Kreuz zum Schmuckstück geworden ist, ist es doch mehr: das Kennzeichen der Christen, ein steter Hinweis auf den, der am Kreuz starb, Jesus Christus. An manchen Kreuzen ist die Figur des Leichnams Jesu angebracht. Solche Kreuze nennt man »Kruzifixe«. »Kruzifixus« heißt: »Der an das Kreuz Geheftete.« Oft ist auf einem Schild oder Täfelchen über dem Körper Jesu zu lesen: INRI. Das heißt: »Jesus Nazarenus Rex Judaeorum« (Jesus von Nazareth, König der Juden; vgl. Johannes 19, 19). Das Kreuz hat in den verschiedenen Ländern, zu verschiedenen Zeiten und in den verschiedenen Kirchen vielerlei Formen bekommen (Näheres dazu im Teil »Symbole«). Ohne Kreuz in irgendeiner Form kann man sich eine Kirche nicht vorstellen.
Das Kreuz sagt uns: Am Kreuz starb Jesus für mich und für alle Menschen.

Friedhof

Bei der Kirche oder auf dem Platz um die Kirche herum wurden früher die Verstorbenen begraben. In vielen Gemeinden ist das heute noch so. Man wollte die Toten bei sich haben. Man glaubte, daß sie zur Gemeinde der Vollendeten zählen und bei jedem Gottesdienst gegenwärtig sind. Der Ort, an dem man die Toten »zur letzten Ruhe« bettete, heißt darum Kirchhof (der Hof bei der Kirche) oder Friedhof (der Ort, an dem der Friede eingekehrt ist) oder Gottesacker (der Ort, an dem man die Toten Gott übergeben hat). Auf dem Weg zum Gottesdienst mußte man immer an den Gräbern vorbei, wurde an die Toten und an den Tod erinnert und durch die Grabmäler, wie auch durch die Predigt im Gottesdienst, an die Auferstehung von den Toten,

die den wahren Frieden bringt. Nichtchristen bestatteten im allgemeinen ihre Toten außerhalb der Wohnbezirke. Diese Bestattungsweise ist leider heute in den Städten (und auch Dörfern) aus Platz- und Hygienegründen üblich geworden. Damit wird das Wegschieben von Krankheit und Sterben begünstigt, wodurch das Leben an Tiefe verliert.
Die Friedhöfe sagen uns: Im Leben und im Tod sind wir in der Hand Gottes.

Feste in der Kirche

Das Kirchenjahr

Das Kirchenjahr ist das Festjahr der Kirche. Es gliedert die 365 (366) Tage des Jahres und bringt darin die biblische Botschaft zur Sprache. Feste und Feiern sind Höhepunkte im Ablauf der Tage. An den wöchentlich wiederkehrenden Sonntagen (bei den Juden ist es der Sabbat) werden die meisten dieser Festtage des Kirchenjahres gefeiert. Diese Sonntage tragen auch deren Namen. In den folgenden Abschnitten wollen wir grundsätzlich und im einzelnen über Feste und Feiern nachdenken.

I. Feste und Feiern

1. Allgemeines

Wie im Judentum der Sabbat, so ist in der christlichen Kirche der Sonntag der Hauptfesttag. Schon in der Alten Kirche sagte Athanasius: »Der Sonntag ist der Erstgeborene der Feste.«

Der Mensch kann nicht ohne Feste leben. Er bedarf ihrer zu seinem Menschsein. Interessant dabei ist, was Forscher (wie etwa der Däne K. Rasmussen) bei Naturvölkern als Hauptmerkmale und Grundzüge des Festes erkannt haben: das Fest ist eine Göttergabe und entstammt einer anderen Welt.

Das Fest schafft Gemeinschaft unter den Menschen und zwischen den Menschen und der göttlichen Welt.

Das Fest gibt den Teilnehmern Freude.

Das Fest schenkt den Teilnehmern neues Leben, indem sie durch das Fest verjüngt und verwandelt werden.

Vergleicht man damit christliche Feste, muß man sagen: Oft bleiben sie hinter dieser Erkenntnis aus der Beobachtung der Naturvölker zurück. Sie müßten es aber nicht.

Denn Christen haben wirklich Anlaß und Grund genug, Feste zu begehen:

Gott schenkt jede Woche am Sonntag in Jesus Christus den Hauptgrund zum Fest.

Gott schafft Gemeinschaft unter seinem Wort und mit ihm in seinem Mahl.

Gott gibt den Christen Freude: »Freuet euch in dem Herrn allewege...« (Philipper 4,4).

Gott gibt den Christen neues Leben in der Auferstehung Jesu und verjüngt und verwandelt sie: »Ist jemand in Christus, so ist er eine neue Kreatur; das Alte ist vergangen, siehe, es ist alles neu geworden« (2. Korinther 5,17).

Wenn heute jemand Anlaß und Grund zum Fest hat, dann sind es also die Christen. So kann die Zusammenkunft der Christen am Sonntag immer wieder zu einem Fest werden, bei dem Freude zu spüren ist. Wenn Menschen zu Gott heimfinden, dann ist das Grund zur Freude. In Lukas 15 schildert Jesus in einem Gleichnis diese Freude, indem er sagt: »Und sie fingen an, fröhlich zu sein.«

Wenn wir heute gelegentlich zwischen »Fest« und »Feier« unterscheiden, dann gehört zur Feier das objektive Tun Gottes für uns, zum Fest dagegen die subjektive Annahme dieses Tuns, die sich auch in Gefühlen und Freude Luft schafft.

Feste entstehen und geschehen aber nicht im luftleeren

Raum. Menschen auf dieser Erde halten und gestalten sie. So kann man sagen, daß etwa folgende Hauptgruppen von Festen vorkommen:

— Feste, die sich durch unser menschliches Leben ergeben, von der Geburt bis zum Tod.
— Eng verbunden damit sind die Jahreszeitenfeste, die sich am Naturjahr orientieren.
— Feste, die sich durch unseren Beruf ergeben.
— Feste, die sich aus unserer Zugehörigkeit zu Volk und Staat ergeben.
— Feste, die sich aus unserem Glauben ergeben.

Im Leben und im Kalender gehen diese Feste ineinander über. Die Feste, die vom Glauben her gestaltet sind, wirken sich in allen anderen Bereichen aus, sofern der Glaube lebendig ist. Der Glaube durchdringt das Leben und den Beruf, den Jahreslauf und das politische Geschehen. Ursprünglich kannte die christliche Gemeinde außer dem wöchentlichen Auferstehungsfest, dem Sonntag, keine weiteren Festtage. Jedoch wurde als erstes Jahresfest das jüdische Passafest als christliches Osterfest zur Erinnerung an die Auferstehung Jesu begangen. Ostern ist also das älteste christliche Fest im heutigen Kirchenjahr. Im Laufe der Jahrhunderte entwickelte sich, parallel zum jüdischen Festjahr, ein christliches Festjahr. Manches christliche Fest hat in einem jüdischen Fest seine Entsprechung. Zum Beispiel:

Das Passafest entspricht dem Osterfest.
Das Erstlings- oder Wochenfest (sieben Wochen nach dem Passafest) entspricht dem Pfingstfest (pentekoste = der fünfzigste Tag nach Ostern).
Das Laubhüttenfest ist mit dem Erntedankfest zu vergleichen.
Der Versöhnungstag ist dem Buß- und Bettag ähnlich.
Ähnlich dem Neujahrstag ist unser Silvester/Neujahr.
Dem Tempelweihfest entspricht unser Kirchweihfest.

Alle diese Feste sind nicht deckungsgleich. Jedoch ist das Festjahr der Christen mit dem Festjahr der Juden vergleichbar und zum Teil sogar von diesem herzuleiten.

2. Sabbat und Sonntag

Die verschiedenen Feste teilen das Jahr. Das wichtigste Fest war und ist für die Juden der Sabbat, für die Christen der Sonntag.

Der Sabbat

Der Sabbat ist der Abschluß der siebentägigen Woche. Am Sabbat war nach 2. Mose 34,21 Arbeitsruhe geboten. Pflügen, Ernten, Handeltreiben waren untersagt (Amos 8,5).
Jahrhundertelang schon mühen sich die Forscher, herauszubekommen, warum es wohl eine Siebentagewoche gibt. Daß sie sehr alt ist, zeigt ihre Einbindung in die Zehn Gebote. Die Anfänge liegen in der Zeit des Mose. Der letzte Tag der kleinen Siebentage-Einheit wurde hervorgehoben als Sabbat.
»Sabbat« wird von dem hebräischen Wort »šabat« (= aufhören) hergeleitet: Aufhören der Woche und Aufhören der Arbeit, also Ruhe.
Im Alten Testament gibt es eine Reihe von Begründungen und Bestimmungen für den Sabbat. Er war nie nur Ruhetag, sondern immer schon zugleich auch ein Feiertag für Jahwe, für den Gott der Väter (2. Mose 20,10; 5. Mose 5,13). Der Sabbat wird in 5. Mose 5,15 mit der Rettung aus Ägypten in Verbindung gebracht. In 2. Mose 20,11; 31,17 sieht der alttestamentliche Priester das Urbild des Sabbats in Gottes Ruhen nach der Erschaffung der Welt (1. Mose 2, 1-3). Und Hesekiel (20,12.20) schreibt vom Sabbat, daß er ein Zeichen des Bundes Gottes mit Israel ist. Denn als das Volk im babylonischen Exil war, war die Einhaltung des Sabbats (neben der Beschneidung) ein Bekenntnis zum Gott der Väter. In Anlehnung an diese notwendige und von der Not geforderte Praxis im Exil wurde das Einhalten des Sabbats immer mehr gefordert. Das Ruhegebot wurde verschärft (Jeremia 17,21f u.a.). Der Sabbatschänder hatte sogar die Todesstrafe zu erwarten (2. Mose 31,14f u.a.).
Die geforderte strenge Einhaltung des Sabbats sollte und konnte aber Freude und Fröhlichkeit am Sabbat nicht hindern.
Christen können von der jüdischen Sabbatfeier lernen, wie Glaube und Freude zusammengehen. Fromme Juden bekennen heute: »Nicht wir haben den Sabbat gehalten, sondern der Sabbat hat uns gehalten.« Wenn Jesus am

jüdischen Sabbat Anstoß genommen hat, dann nicht grundsätzlich. Denn er besuchte am Sabbat die Synagoge und predigte selber dort. Seine Kritik betraf die Sabbatpraxis einer bestimmten Pharisäergruppe (es gab auch noch andere!), die über der Arbeitsruhe und der Feier für Gott den Nächsten vergessen hatte.
Die Sekte der Adventisten hält unter uns auch heute noch den Sabbat, unseren Samstag, als Ruhetag.

Der Sonntag

Jesus und die Apostel feierten, wie sie es von Kind auf gewohnt waren, den Sabbat. Jesus wollte nicht den Sabbat abschaffen, sondern ihn (im Sinne Gottes) reformieren. Er wollte ja auch nicht die Zehn Gebote beseitigen, sondern sie wieder ihrer ursprünglichen Bestimmung zuführen. Interessant ist auch, daß in den ersten drei Jahrhunderten der Christenheit der Sonntag nie mit dem Sabbatgebot der Juden begründet wurde. Der Sonntag entstand als eigenständiger Tag in der christlichen Gemeinde. Vom Ende des vierten Jahrhunderts an wurde im oströmischen Reich der Sabbat als Schöpfungstag gottesdienstlich begangen. Dies alles zeigt: Der Sonntag trat ursprünglich nicht an die Stelle des Sabbats.
Allerdings wurde sehr früh schon am ersten Tag der jüdischen Woche der Auferstehung Jesu gedacht. Dieses wöchentliche Auferstehungsgedenken ist sogar früher bezeugt als die jährlichen Auferstehungsfeiern am Passa- bzw. Osterfest. Es gab also damals Christen, besonders unter den Judenchristen, die den Sabbat hielten, wie sie es gewohnt waren, und dazu noch den Sonntag als Erinnerung an Jesu Auferstehung. Den Heidenchristen, den Christen also, die keine gebürtigen Juden waren, wurde aus christlicher Freiheit heraus das Sabbatgebot nicht auferlegt, genausowenig wie die Beschneidung, die beiden Haupterkennungszeichen der Juden (Römer 14,1; Galater 4,9f; Kolosser 2,16f).
Die Christen der Urgemeinde gedachten am ersten Tag der Woche der Auferstehung Jesu. Sie nannten darum diesen Tag »Tag des Herrn« (Offenbarung 1,10). In verschiedenen Sprachen ist dieses Wort bis heute erhalten: »domenica« (italienisch), »domingo« (spanisch), »dimanche« (französisch), »dies dominicus« (lateinisch). Dieser Tag wird zum Versammlungstag der Gemeinde, zum Freudentag, an dem das »Mahl des Herrn« gefeiert wird. Das Herrenmahl hat vom Anfang der Gemeinde an Freuden- und Dankescharakter vom Osterereignis her. Weil Jesus

auferstanden war, hatte es Sinn, sich zu versammeln, sein Mahl zu feiern und seiner Wiederkunft zu harren. »Tag des Herrn« und »Mahl des Herrn« bedingten sich gegenseitig. Das Mahl des Herrn war der Mittelpunkt des »Tages des Herrn«. Mit dem Herrntag war der Ansatz für eine Jahresfestordnung gegeben, die später im Kirchenjahr ihre Ausprägung fand.
Der »Herrntag« wurde im zweiten Jahrhundert auch »Sonntag« (= Sonnentag) genannt. Damit nahm die Gemeinde gegen den heidnischen »dies solis« (= Tag der Sonne) Stellung. Daß man damit auf Jesus Christus als die »Sonne des Heils« oder die »Sonne der Gerechtigkeit« hinweisen wollte, ist zu vermuten. Konstantin der Große ordnete nun 321 an, daß das Sabbatgebot auf den Sonntag angewandt werden solle. Am Sonntag gilt also jetzt das Arbeitsverbot, zunächst für die Sklaven (um Zeit für den Gottesdienst zu haben), dann auch für die Freien. Die Germanen verbieten schwere Arbeit unter Androhung von Strafe. Diese Staatsgesetze zum Schutz des Sonntags werden von späteren kirchlichen Konzilien bestätigt. Bis heute gelten in der katholischen Kirche Arbeitsverbot und Verpflichtung zum Messebesuch. Interessanterweise wird in den evangelischen Katechismen (Luthers »Kleiner« und »Großer Katechismus«, »Heidelberger Katechismus«) das Sabbatgebot auf den Sonntag angewandt, die Sonntagsarbeit wird aber nirgends erwähnt. Es wird positiv, aus evangelischer Freiheit heraus, gesagt, zum Beispiel in Luthers »Kleinem Katechismus«: »...Gottes Wort heilig halten, gerne hören und lernen.«
Diese Freiheit wurde sehr bald von den christlichen Kirchen und von den Staaten verlassen. Gebote geistlicher und polizeilicher Art versuchen die Sonntagsruhe zu schützen. Mit Gesetzen und Verordnungen ist dem Problem aber nicht beizukommen. Schon eher mit der Einladung zur Feier der Auferstehung Jesu, zur Feier des Ewigen Lebens, des neuen Lebens hier auf dieser Welt in Freude und Liebe: in jedem Gottesdienst am Sonntag. Mit Recht wird heute gefragt, ob nicht die Konstantinische Gesetzgebung — sicher gut gemeint — dem Anliegen der Botschaft von der großen Freiheit, wie sie Jesus und Paulus verkündigt haben, mehr geschadet als genützt habe. Der Sonntag gilt (nach Athanasius) als der »Erstgeborene der Feste«. Man kann auch sagen: »Die Einführung des Sonntags ist ein Exempel der christlichen Freiheit.« Wir Christen sehen im Sonntag kein Gesetz oder Gebot, sondern ein Angebot Gottes an uns Menschen, das Gott uns zugute macht.

Man kann den Sonntag unter folgenden Gesichtspunkten sehen:

a) Der Sonntag hat Zeichencharakter. Er ist ein Zeichen für *Gottes* Handeln an seiner Gemeinde. Gott will unsere Heiligung. Darum ist mitten in der Welt ein Raum, mitten in der Zeit ein Tag ausgespart für Ruhe, Stille, Fest, Feier und Gottesdienst. Von hier kann Licht auf unsere Umwelt, auf die anderen Tage fallen.

b) Der Sonntag ist ein Hinweis darauf, daß wir Menschen von Gottes *Barmherzigkeit* leben. Zuerst die Ruhe, dann die Arbeit, erst der Sonntag (am ersten Tag der Woche), dann der Werktag. Das ist die von Gott gewollte Reihenfolge. »Müßiggang ist aller Arbeit Anfang«, sagt Hannelore Frank. Ruhe ist also nicht Faulheit nach der Arbeit, sondern Aufatmen und Freude an dem, was Gott geschaffen hat. Insofern hat die Verschiebung des Ruhetags auf den ersten Tag der Woche einen geistlichen Sinn.

c) Der Sonntag ist der Tag des *Menschen*. Es geht der Kirche am Sonntag nicht um ihre eigenen Interessen, um die Möglichkeit, Gottesdienste abhalten zu können, sondern um den Menschen, der in der Vermassung und in der Arbeitswelt unterzugehen droht. Die christliche Gemeinde wird sich darum Gedanken machen müssen, wie sie den Gottesdienst interessant und anziehend gestaltet und den Sonntag für Familien und Gemeinden mit Verkündigung und (festlichen) Begegnungen so füllt, daß der Alltag menschlicher und der Mensch fröhlicher wird. Der christliche Sonntag muß so anziehend, verlockend, festlich und schön sein, daß Menschen um dieses göttlichen Sonntags willen mehr von Gott erfahren, aus seiner Kraft leben, auf unnötige oder gar so nötige Arbeit verzichten, Spritztouren in den Wochenendverkehr hinein unterlassen wollen.
Es wäre schön, wenn Christen zu der Aussage kämen: »Nicht wir halten den Sonntag, sondern der Sonntag hält uns.«

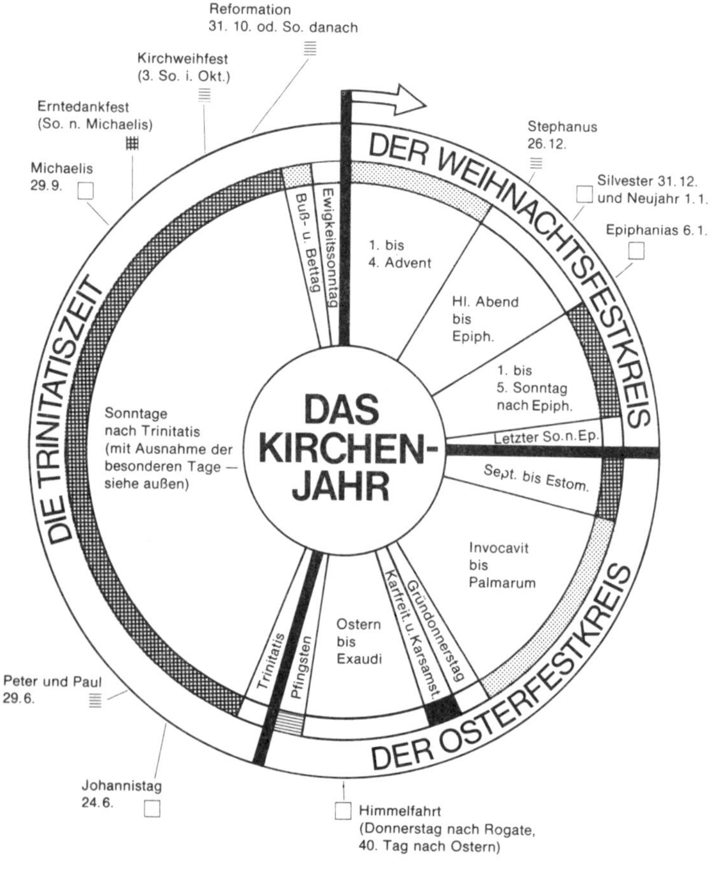
Reformation
31. 10. od. So. danach
Kirchweihfest
(3. So. i. Okt.)
Erntedankfest
(So. n. Michaelis)
Michaelis
29.9.
Stephanus
26.12.
Silvester 31.12.
und Neujahr 1.1.
Epiphanias 6.1.
DER WEIHNACHTSFESTKREIS
Ewigkeitssonntag
Buß- u. Bettag
1. bis
4. Advent
Hl. Abend
bis
Epiph.
1. bis
5. Sonntag
nach Epiph.
Letzter So.n.Ep.
Sept. bis Estom.
Invocavit
bis
Palmarum
DIE TRINITATISZEIT
Sonntage
nach Trinitatis
(mit Ausnahme der
besonderen Tage —
siehe außen)
DAS
KIRCHEN-
JAHR
Gründonnerstag
Karfreit. u. Karsamst.
Ostern
bis
Exaudi
Pfingsten
Trinitatis
DER OSTERFESTKREIS
Peter und Paul
29.6.
Johannistag
24.6.
Himmelfahrt
(Donnerstag nach Rogate,
40. Tag nach Ostern)

II. Das Kirchenjahr

Einleitung

Das Kirchenjahr beginnt im Unterschied zum Kalenderjahr nicht am 1. Januar, sondern mit dem 1. Advent Ende November/Anfang Dezember. Das Kirchenjahr ist kein nahtlos ineinandergehender Kreis von Sonntagen, sondern bricht mit dem letzten Sonntag im Kirchenjahr, dem Toten- oder Ewigkeitssonntag, ab und beginnt ganz neu mit dem 1. Advent. Im Kirchenjahr ist eine Bewegung enthalten, die auf ein Ziel zugeht. Das Kirchenjahr bewahrt uns davor, uns im immer wiederkehrenden Naturjahrkreis (Frühling, Sommer, Herbst und Winter) zu drehen, und stellt uns in einen immer vorwärtsdrängenden und über uns hinausweisenden Ablauf, der von Hoffnung und Erfüllung zu berichten weiß, aber auch von Warten und Eilen, Sterben und Auferstehen. Wer sich dem Kirchenjahr anvertraut, kann sich in Gottes Botschaft bergen.
Den Begriff »Kirchenjahr« gibt es erst seit 1589. Die Sache selbst aber hat sich im Lauf der zwei Jahrtausende der Kirchengeschichte herausgebildet, als Hilfe und Geländer für die Gemeinde und die Pfarrer.
Das Kirchenjahr gliedert sich in drei Festkreise: den Weihnachtskreis, den Osterkreis und den Pfingst- bzw. Trinitatiskreis.

Der Weihnachtskreis

Der Weihnachtskreis wird mit den vier Adventssonntagen eröffnet, die auf das Kommen Jesu in Vergangenheit, Gegenwart und Zukunft hinweisen. Sie sind zugleich die Einleitung in das ganze Kirchenjahr, den letzten Sonntagen des Trinitatiskreises vergleichbar, die zugleich den Abschluß des Kirchenjahres bilden. Die Adventssonntage sind gewissermaßen das Inhaltsverzeichnis des Kirchenjahrs.
Zwei Christfeste bestimmen den Weihnachtskreis: am 25. Dezember gedenken evangelische und katholische Christen der Geburt Jesu Christi (der »Heilige Abend« ist als »Heilige Nacht« davorgelegt), während die orthodoxen Christen am 6. Januar die Geburt Jesu feiern. Bei uns ist dieser 6. Januar zum Erscheinungsfest (Epiphanias) geworden. Die beiden Geburtstage Jesu bekommen zur Unterscheidung verschiedene Akzente: am 25. Dezember kommen die Hirten (Lukas 2), am 6. Januar die Weisen aus dem Morgen-

land (Matthäus 2; irrtümlich Könige, darum auch »Dreikönigstag« genannt) zur Krippe. Die folgenden Sonntage werden nach dem Erscheinungsfest bezeichnet. Der 26. Dezember, der 2. Christtag, heißt auch Stephanustag. Mit dem Denken an den ersten Märtyrer der Christenheit (vgl. Apostelgeschichte 7, 54-59) am Christfest soll deutlich werden, wie nahe Freude und Leid, Geburt und Tod, Krippe und Kreuz beisammen liegen, soll deutlich werden, was Nachfolge heißt.

Der Osterkreis

Der Osterkreis beginnt mit der Passionszeit, der drei Sonntage vorausgehen: Septuagesimae (70. Tag vor Ostern), Sexagesimae (60. Tag vor Ostern) und Quinquagesimae (50. Tag vor Ostern) bzw. Estomihi (Psalm 31,3). Die Passionszeit selbst (Leidenszeit Jesu, auch Fastenzeit genannt) fängt mit dem (Ascher-)Mittwoch nach Estomihi an. Dann folgen Invocavit (Psalm 91,15; Landesbußtag), Reminiscere (Psalm 25,6), Oculi (Psalm 25,15), Laetare (Jesaja 66,10), Judica (Psalm 43,1). Der Palmsonntag (Matthäus 21,8; Palmarum) leitet die Karwoche (= Klagewoche; stille Woche) ein, die über Gründonnerstag (Abendmahlseinsetzung) und Karfreitag (Sterbetag Jesu) zum Karsamstag (Jesus im Grab) führt.
Das Osterfest wird am ersten Sonntag nach dem ersten Frühlingsvollmond gefeiert. Dieser wechselt alle Jahre. Darum verschieben sich auch die 40 Tage vor Ostern (Passionszeit) und die 40 Tage nach Ostern (bis Himmelfahrt) alle Jahre.
50 Tage nach Ostern ist Pfingsten (pentekoste = der Fünfzigste). Die Sonntage zwischen Ostern und Pfingsten heißen: Quasimodogeniti (1. Petrus 2,2), Misericordias Domini (Psalm 89,2), Jubilate (Psalm 66,1), Cantate (Psalm 98,1), Rogate (Matthäus 7,7) und Exaudi (Psalm 27,7).
Am 40. Tag nach Ostern wird der Himmelfahrt Jesu gedacht, am 50. Tag des Anfangs der Kirche durch das Kommen des Geistes. Der also hat Pfingsten erlebt, der den Gekreuzigten und Auferstandenen glaubt und verkündigt.

Der Trinitatiskreis

Der Trinitatiskreis beginnt mit dem Trinitatisfest (Dreieinigkeitsfest) am Sonntag nach Pfingsten. Dieses Fest faßt die drei Hauptfeste der Christenheit zusammen: Weihnachten — die Liebe des Vaters; Karfreitag/Ostern — das Leben des Sohnes; Pfingsten — das Kommen des Geistes.
Im Trinitatiskreis geht es um die Verkündigung des drei-

einigen Gottes, der in den beiden anderen Festkreisen entfaltet wurde.
In diesem Festkreis werden alle Sonntage als »Sonntage nach Trinitatis« gezählt. Einige Tage ragen aus dieser sogenannten »festlosen« Jahreshälfte heraus: das Erntedankfest, das meist am ersten Oktobersonntag gefeiert wird, das Kirchweihfest, das an einem Oktobersonntag, und das Reformationsfest, das am 31. Oktober oder am Sonntag danach begangen wird.
Dieser Festkreis und mit ihm das ganze Kirchenjahr werden beschlossen mit dem Toten- und Ewigkeitssonntag, an dem die Christen an das Ende ihres Lebens, an das Ende der Welt und an die Zukunft bei Gott in Jesus Christus denken. Der Mittwoch vor diesem letzten Sonntag im Kirchenjahr ist der »allgemeine Buß- und Bettag«, an dem Volk und Kirche zur Umkehr zu Gott aufgerufen werden.

Verstreute Feste

Ins Kirchenjahr eingestreut sind kleinere Feiertage, von denen einige heute auch noch in evangelischen Gemeinden gefeiert werden: der Evangelist Johannes am 27. Dezember (als 3. Christtag), Johannes der Täufer am 24. Juni, Petrus und Paulus am 29. Juni und der Erzengel Michael am 29. September.

Der Sinn des Kirchenjahres

Das Kirchenjahr ist eine Hilfe zum Verständnis der Bibel. Für jeden Sonntag sind ganz bestimmte Bibelabschnitte (Perikopen) ausgewählt. Mit ihrer Hilfe wird jedes Jahr ein Gang durch die ganze Bibel, durch die ganze christliche Botschaft ermöglicht. Insgesamt gibt es sechs in der evangelischen Kirche anerkannte Perikopenreihen. In Württemberg ist noch eine weitere Reihe zusammengestellt worden, um möglichst viele Bibeltexte der Gemeinde in den Predigten zugänglich zu machen.

Advent

Wenn wir das Wort »Advent« hören, dann werden in uns Erfahrungen und Erlebnisse aus Kindertagen lebendig. Dabei fallen uns vielleicht lange Herbstabende ein. Der Duft von Bratäpfeln steigt uns in die Nase. Wir sehen das flackernde Licht von Kerzen vor uns. Ein Adventskalender hängt an der Wand. Ein Kranz steht auf dem Tisch. Und wir erinnern uns der vielen kleinen und großen Geheimnisse vor dem Christfest, die die Adventszeit bestimmen. Was ist Advent nun wirklich und eigentlich?

Thema: Advent

Die Ankunft Gottes, die Hoffnung auf seine Ankunft, das Rechnen mit seinem »Advent« (= Ankunft) ist ein Grundthema der ganzen Bibel des Alten und Neuen Testaments. Um das Kommen Gottes hat schon das alte Volk Israel gebetet. Und die Gemeinde der Christen ist immer darauf ausgerichtet, daß Gott kommt. Der Glaubende lebt davon, daß Gott gekommen ist und immer wieder und immer noch kommen soll. Der Begriff »Advent« ist also nichts Totes, sondern etwas Lebendiges. Advent bezeichnet den »Zukünftigen«, den »auf uns Zukommenden«, den also, der uns voraus ist. Advent ist ein Wort, das ganz deutlich macht: Gott ist nicht statisch; Gott sitzt nicht irgendwo und ruht sich aus; Gott ist nicht irgendwo für sich da. Advent sagt: Gott kommt zu uns; Gott will nicht ohne uns sein; Gott will bei uns sein.
Es ist richtig, wenn Christen Gottes Advent mit dem Kommen Gottes in Jesus Christus in Verbindung bringen. Denn Gott ist zu uns in Jesus Christus gekommen. Es ist auch richtig, wenn das Kommen Gottes mit der Geburt Jesu Christi in Verbindung gebracht wird. Aber es ist ganz sicher zu wenig, wenn Advent nur unter dem Aspekt der Vorbereitung auf Weihnachten in unserer Erinnerung haftet. Gottes Kommen ist vielgestaltig, vielseitig. Auch das Kommen Gottes in Jesus Christus kann nicht auf Weihnachten beschränkt bleiben. Das Adventslied (EKG 2,1.2.7) zeigt das: »Gottes Sohn ist kommen...« (1). »Er kommt auch noch heute...« (2). »Wird von dannen kommen...« (7). Dies alles ist mehr als Christi Geburt, mehr als Weihnachten. Hauptthema der ganzen Bibel ist »Gottes Advent«. Das Kirchenjahr versucht, dieses Grund- und Hauptthema der Bibel in den Jahreslauf umzu-

setzen, in kleine Münze umzuwechseln. So ist die Adventszeit ein großartiges, festliches, feierliches Präludium auf das Kirchenjahr und gleicht einer großen Inhalts- und Themenangabe in einem Buch.

Die Adventszeit

Die vier Sonntage vor dem Christfest sind unsere vier Adventssonntage. Der 1. Advent kann zwischen dem 27. November und dem 3. Dezember liegen. Die Festlegung des Termins hängt vom Wochentag des Christfests (25. Dezember) ab. Erst im 11. Jahrhundert haben sich die vier Sonntage im Advent als feste Tage herausgebildet. Bis dahin feierten die verschiedenen Kirchen verschieden viele Adventssonntage: die einen nur zwei, andere fünf oder gar sechs. Heute haben sich die vier Adventssonntage in der katholischen und in allen evangelischen Kirchen durchgesetzt.
Da die Adventszeit vor Weihnachten liegt, ist es nicht zu umgehen, daß diese Zeit als Vorbereitungszeit auf Weihnachten verstanden wird. Daß das mehr am Volk als an der Kirche liegt, wird bei näherem Zusehen deutlich. Die bis zu vier Wochen umfassende Adventszeit ist in der katholischen Kirche Buß- und Fastenzeit. Auch in den evangelischen Kirchen ist der Charakter dieser Zeit verhalten, besinnlich, nicht laut und umtriebig. Die Zeit wird von den verschiedenen Sonntags-Predigttexten geprägt. Prophetische Texte aus dem Alten Testament (Jesaja, Micha, Sacharja, Maleachi) reden vom Nachfolger Davids und Knecht Gottes, vom Messias, Gesalbten und König der Zukunft. Diese Texte sind allgemein auf Jesu Kommen, nicht nur auf seine Geburt zu beziehen. Auch neutestamentliche Texte meinen nicht nur die Ankündigung der Geburt Jesu. Neben Maria, die Mutter Jesu, tritt Johannes der Täufer. Sie bekennen sich zu dem längst Angekündigten: »Was der alten Väter Schar höchster Wunsch und Sehnen war und was sie geprophezeit, ist erfüllt in Herrlichkeit« (EKG 11,2).
Auch im engeren Sinn bekommt die Adventszeit die Bedeutung einer Inhaltsangabe. Die Tatsache, daß Jesus gekommen ist, wird in vierfacher Weise entfaltet:
Am 1. Advent bedenkt die Kirche, daß Jesus gekommen ist, um zu leiden, zu sterben und aufzuerstehen (Einzug Jesu in Jerusalem).
Am 2. Advent bedenkt die Kirche, daß Jesus am Ende der Tage wiederkommen wird (Anknüpfung an den Toten- und Ewigkeitssonntag).
Am 3. Advent bedenkt die Kirche, daß Jesus zu den Menschen gekommen ist, um ih-

nen innerlich und äußerlich zu helfen (Taufe zum Dienst durch Johannes den Täufer).
Am 4. Advent bedenkt die Kirche, daß Jesus als Mensch gekommen ist (Ankündigung der Geburt Jesu an Maria).
Mit diesen vier Sonntagen ist die ganze christliche Botschaft angedeutet. Mit dem Christfest beginnt dann die Entfaltung.

Adventliches Brauchtum

Zu den jüngsten, aber bekanntesten Bräuchen gehört der *Adventskranz*. Der Kranz ist ein Siegessymbol. Das Immergrün der Tanne erinnert an das Leben. Die vier Kerzen weisen auf die vier Adventssonntage hin.

Der *Adventsstern* erinnert an 4. Mose 24,17: »Es wird ein Stern aus Jakob aufgehen«, aber auch an den Stern, der nach Matthäus 2 den Weisen den Weg zur Krippe zeigte.

Der Brauch, im Advent *Zweige* aufzustecken, nimmt Jesaja 11,1 auf: »Es wird ein Reis aufgehen von dem Stamm Isais und ein Zweig aus seiner Wurzel Frucht bringen.«

Kerzenlicht, nicht nur am Adventskranz, weist auf Jesaja 60,1.2 hin: »Mache dich auf, werde licht, denn dein Licht kommt und die Herrlichkeit des Herrn geht auf über dir.« Jesus nimmt dieses Wort auf: »Ich bin das Licht der Welt« (Johannes 8,12).

Transparente werden aufgestellt, um das Licht aus der Ewigkeit anzudeuten.

Der *Nikolaustag* gehört heute auch in evangelischen Gemeinden fast schon zur Adventszeit. Die Nächstenliebe wird dadurch unterstrichen.

Ohne *Weihnachtsbäckerei* kann man sich die Adventszeit nicht denken. Die Backformen nehmen bekannte Symbole auf. Viele Gebäckarten haben ihre besondere Bedeutung. Ein Beispiel: Nuß- und Mandelgebäck erinnert an die Nüsse, die Gott uns zum Knacken gibt. Unseren Vorfahren war die Nuß das rechte Sinnbild des Wortes Gottes. In der wertlosen Schale liegt ein süßer Kern.

Adventskalender sind weit verbreitet. Sie haben aber nur dann einen Sinn, wenn sie der adventlichen Botschaft vom Kommen Gottes gerecht werden.

Ohne *Lieder und Musik* ist die Adventszeit nicht zu denken. Dichter und Komponisten haben viele Texte und Noten bereitgestellt, so daß niemand ohne Musik sein muß.
Wir werden gute Erinnerungen an die Adventszeit sammeln, wenn wir Brauchtum und Volksmeinung immer wieder an Sinn und Inhalt der biblischen Adventsbotschaft messen.

Weihnachten

Alle Welt feiert Weihnachten. Christen und Nichtchristen haben in ihren Kalendern Weihnachten stehen. Die Geschäfte blühen. Die Geschenkeflut geht hoch. Kinder und Erwachsene freuen sich, auch wenn sie manchmal über Hetze und Hektik, über Terminhäufung und Überstunden seufzen. Christbäume stehen überall: auf Plätzen, in Kirchen und in den Wohnungen. Und Ferien gibt es: Weihnachtsferien. Winterferien sagt man anderswo. Was ist Weihnachten nun wirklich und eigentlich?

Weihnachten ist Ostern

In den ersten Jahrzehnten nach dem Tod Jesu dachte niemand daran, den Geburtstag Jesu zu feiern. Man war froh, daß Jesus gekommen war. Man war froh, daß Jesus, der am Kreuz Gestorbene, auferstanden war. Jesus wurde als der Gegenwärtige und Zukünftige gefeiert. Ostern war darum das Hauptfest der Christen, Ostern in Verbindung mit dem Karfreitag. Ostern, das Fest der Auferstehung und des Lebens, war der Haupttag der Christen. Mit Ostern begann die Kirche. Den Tag, als den Jüngern aufging, daß Jesus nicht nur der als Mensch gekommene, nicht nur am Kreuz gestorbene, sondern der jetzt und in Zukunft lebende Herr ist, hieß man Pfingsten. Und Pfingsten war und ist immer dort, wo Menschen einander die Geschichte von Jesus, dem predigenden, dem heilenden, dem leidenden, sterbenden und lebendigen Herrn erzählen. Der Inhalt des Neuen Testaments ist Karfreitag und Ostern. Die Briefe des Apostels Paulus sind Zeugen für den Herrn, der gestorben und auferstanden ist.

Der Geburtstag Jesu spielte also ursprünglich keine Rolle. Erst in der Auseinandersetzung mit den heidnischen Religionen der Umwelt wurde es nötig, auch auf die Geburt Jesu einzugehen und den Geburtstag Jesu zu feiern. So bekamen die wenigen Texte im Neuen Testament (Matthäus 1 und 2 und Lukas 2), in denen von Jesu Geburt die Rede ist, ihr besonderes Gewicht. Der Geburtstag dieses Jesus sollte gefeiert werden, den man schon überall als Herrn und Meister, als Heiland und Christus verehrte. Es ging also nicht um den Geburtstag irgendeines Kindes, von dem man noch nicht wußte, was aus ihm werden wird. Es ging um den Geburtstag des Herrn der Welt. So ist verständlich, wenn gesagt wird: Ohne Ostern gäbe es kein Weihnachten. Wie natürlich auch der Satz stimmt: Ohne Geburt Jesu kein Ostern. Wenn in vielen Weihnachtsliedern, in Liedern, die zur Geburt Jesu gehören, Worte und Begriffe wie »Lamm« und »Blut« und »Lebens Leben« oder »Kreuz« und »Sühne« und »Schuld« zu lesen sind, dann zeigen sie an: Weihnachten ist eine besondere Art und Weise der Osterverkündigung, eine besondere Form der Verkündigung des auferstandenen Herrn.

Weihnachten ist Geburtstag Jesu

In den ersten Jahrzehnten der Christenheit wußte man zwar um die Geburt Jesu. Gefeiert aber hat man sie erst später, zunächst ganz vorsichtig und dann nur da und dort, zwischen 250 und 300 nach Christus. Allerdings wußte niemand genau, wann Jesus geboren wurde, und man stritt sich um den Geburtsort. Mit den Angaben war man auf die biblischen Berichte angewiesen. Matthäus 2 und Lukas 2 geben verschiedene Auskünfte: Die Termine liegen zwischen sieben Jahren vor und vier Jahren nach der Zeitrechnung. Zum Geburts*ort* macht die Bibel auch zwei Aussagen: »Was kann aus Nazareth Gutes kommen?« und: »Und du Bethlehem, Ephrata ... aus dir soll mir kommen der Herr« (Micha 5,1). Und über den Geburts*tag* gibt es keine Angaben. Hier war die junge Kirche auf Vermutungen angewiesen. Mit der Festsetzung des Geburtstages legte dann die Kirche ein bestimmtes Bekenntnis ab. Insgesamt gibt es in den ersten Jahrhunderten zwölf verschiedene Geburtstagsterminvorschläge, die über das ganze Jahr verstreut liegen. Zwei sind für uns heute noch wichtig, weil sie sich bei uns eingeführt haben: der 25. (nicht 24.) Dezember und der 6. Januar. Der 6. Januar ist heute noch in der Ostkirche Geburtstag Jesu. Der 25. Dezember wurde in der Westkirche Roms im 3./4. Jahrhundert festgesetzt, um den an diesem Tag verehrten Sonnengott zu vertreiben. Der Siegeszug dieses Termins und des damit verbundenen Festtags war mit Konstantin dem Großen 325 gesichert. »Die unbesiegbare Sonne Jesus Christus besiegt den Sonnengott«, so lautete das Bekenntnis mit diesem Termin.
Der Geburtstag Jesu verdrängte im Lauf der Jahrhunderte das Osterfest von seinem ersten Platz und wurde zum wichtigsten Festtag in der Kirche. Dieses Feiern geht meist zu Lasten der anderen Feste. Zu fragen ist allerdings auch, ob es nicht auch zu Lasten der christlichen Botschaft geht. Wenn jedoch klar bleibt, wessen Geburtstag ge-

feiert wird, welcher Herr hier zur Welt kam, warum wir den Geburtstag gerade dieses Jesus feiern, was dieser Jesus alles für uns Menschen getan hat, und daß dieser Jesus heute noch und in Zukunft der Herr der Welt ist, dann ist jede Art, Weihnachten, das heißt Geburtstag Jesu zu feiern, recht. Dann soll auch das germanisch-heidnische Wort »Weihnachten« nicht stören, das von den alten germanischen Weihe-Nächten nach der Wintersonnenwende stammt. Statt »Weihnachten« sagen wir allerdings sinnvoller und dem Herrn gemäßer »Christfest« oder »Christtag«.

Christtags-Bräuche

Einer der ältesten Christtagsbräuche ist das *Licht*. Es ist ein allgemein religiöses Symbol. Es geht dabei um die Deutung. Jesus Christus ist das Licht der Welt. Die Kerzen in den festlich geschmückten Räumen und Kirchen zeugen von Jesus Christus.
Das Aufstellen von *Krippen* ist ein Brauch aus dem Mittelalter, der aus Oberitalien zu uns nach Deutschland kam. In den Figuren (Maria, Josef, Kind, Hirten, Engel, Schafe, Ochs, Esel und Weise) finden sich die Betrachter wieder. In ihnen wird die Geschichte lebendig. Man kann die Geschichte sehen, nicht nur hören. Aus diesen Krippen entwickelten sich die vielgestaltigen *Krippenspiele,* nichts anderes als in Bewegung umgesetzte Krippen. Und mancher kindliche Spieler hat sich in späteren Jahren an solche Szenen erinnert und sich durch Worte, die er selber sagte oder die ihm gesagt wurden, helfen und leiten lassen.

In der Reformationszeit entwickelte sich der Brauch, Bäume in die Wohnstuben zu stellen; *Christbäume* oder *Weihnachtsbäume* nannte man sie. Sie erinnerten an den Baum des Lebens in 1. Mose 3. Auch heidnische Wurzeln (Weltenbaum, Uresche) sind dabei zu entdecken. Die immergrüne Tanne weist auf das Leben hin, das durch den Tod nicht getötet werden kann. Später kam das Schmücken des Baumes auf. Der *Christbaumschmuck* hat vielfältige Bedeutung: Kerzen (Jesus, das Licht der Welt), Strohsterne (Stroh in der Krippe), Glaskugeln (Gaben der Weisen aus dem Morgenland), Äpfel (die Frucht, die Adam und Eva vom Baum nahmen und aßen). Die *Geschenke* erinnern an das große Geschenk, das uns Gott mit seinem Sohn gemacht hat.

Das *Weihnachtsgebäck* hat eine lange Tradition. Es ist sinnvoll, Sorten und Arten und Formen auszuwählen, die mit dem Christfest zusammenhängen: Lebkuchen, Sterne u.ä.

Und wenn an einem Fest auch in der Familie *gesungen und musiziert* wird, dann ist das bestimmt am Christtag. Wir werden nicht in falsche Familienromantik oder in die »deutsche Weihnacht« abrutschen, wenn wir unsere Sitten und Bräuche an der biblischen Botschaft messen und uns von dorther Weisung und Hilfe geben lassen.

Jahreswechsel

Mit dem Wort »Jahreswechsel« bezeichnen wir das Ende bzw. den Anfang des Natur- oder Sonnenjahres, den letzten Tag des alten und den ersten Tag des neuen Jahres. Was veranlaßt die Kirche, den Jahreswechsel festlich-kirchlich zu begehen?

Zur Geschichte

Jeder Mensch hat ein Gespür für die vergehende Zeit. Sie wird besonders erfahren beim Jahresende und beim Jahresanfang, also beim Jahreswechsel. In jeder Religion wird der Jahreswechsel in irgendeiner Form festlich oder feierlich begangen. Nur war immer die Frage, wann der Jahreswechsel festzulegen ist. Im Mittelalter gab es in Europa noch keine einheitliche Regelung. Sechs verschiedene Jahresanfänge sind uns aus dieser Zeit bekannt. Alle diese sechs Jahresanfänge markieren das Sonnenjahr, das als Zeiteinheit aus Ägypten kommt.

Der *1. Januar* war Jahresanfang des römischen Volkes und zugleich des julianischen Kalenders. Obwohl heidnischen Ursprungs, war er im Mittelalter im bürgerlichen Leben maßgebend. Und als dann im ausgehenden Mittelalter gedruckte Kalender mit Jahresanfang 1. Januar verbreitet wurden, setzte sich dieser Termin allgemein und offiziell durch.

Der *1. März* war in der frühchristlichen Kirche üblich, weil er nahe beim Osterfest war. Im fränkischen Reich begann das Jahr bis zum achten Jahrhundert am 1. März, in Rußland bis zum 13. Jahrhundert und in Venedig sogar bis 1797. Der Termin konnte sich aber nicht durchsetzen.

Ebensowenig konnte sich der *Osteranfang* als Jahresanfangstermin halten, da er durch den wechselnden Ostertermin nicht festzulegen war und die Jahre dadurch verschieden lang wurden. Trotzdem war dieser Termin in Frankreich bis ins ausgehende Mittelalter bekannt, sogar in Köln hat man das Jahr an Ostern begonnen. Dies ist vom christlichen Glauben her sehr bedeutsam: Mit dem neuen Leben Jesu beginnt ein neues Jahr.

Der *1. September* war der Neujahrstag des oströmischen Reiches (Byzanz). An diesem Tag wurde auch in Süditalien, in Rußland und auf dem Balkan das Jahr begonnen.

Weihnachten war der in Deutschland, Skandinavien und England beliebteste Termin. Auch für Martin Luther begann das Jahr mit der Geburt Jesu. Das alte Jahr schloß mit dem 24. Dezember, dem Tag von »Adam und Eva«. Mit dem Kommen des »zweiten Adam«, mit der Geburt Jesu, begann die neue Zeit. Jedes Weihnachten und damit jedes neue Jahr erinnert daran. Bis ins 16. Jahrhundert hinein war der Geburtstag Jesu zugleich Neujahrstag.

Der *25. März* (auch der Tag der Verkündigung der Geburt Jesu an Maria) wurde in Italien gewählt, weil Jesu Menschwerdung nicht erst bei seiner Geburt, sondern schon bei seiner Empfängnis begonnen habe. Dieser Termin fand seinen Weg im Zuge der Verbreitung des Marienkultes und war bis 1752 in England (seit dem 12. Jahrhundert) der offizielle, amtliche Jahresbeginn.
Interessant ist aber, daß sich kein kirchlich-christlich-theologischer Jahresanfang im christlichen Abendland als offizieller Jahresanfang durchsetzte, sondern der aus dem Heidentum stammende 1. Januar.

Das heidnische Fest

Der Jahreswechsel macht das Vergehen der Zeit bewußt, zugleich aber immer auch den Anfang einer neuen Zeit. Dieses Vergehen und Anfangen weckt im Menschen Schuldgefühle und Angst, aber auch Hoffnung und Wissen um Neuschöpfung, unabhängig davon, ob es sich um Christen oder Nichtchristen handelt.
Unter nichtchristlichen Jahreswechsel-Ritualen sind zum Beispiel folgende zu finden: Fasten, Waschungen, Reinigungszeremonien ganzer Gruppen, Auslöschen und Neuanzünden des Feuers. Dann gibt es »Dämonen«-Austreibungen mit viel Lärmen, Schreien und Schlagen. Manchmal werden sogar Tiere oder Menschen »in die Wüste geschickt«, das heißt, die Sün-

de, das Böse wird aus der Gemeinschaft, aus der Gesellschaft ausgestoßen. Berichtet wird von Orgien und Maskenumzügen ganzer Gruppen. Die Masken sollen Götter andeuten oder auch Ahnen, da man beim Jahresende mit dem Besuch der Seelen der Toten rechnete. Mit den verschiedenen Reinigungsriten sollte und wollte man das alte Jahr mit seiner Schuld und Belastung hinter sich bringen. Man wollte neu anfangen.

Das christliche Fest

Bei solchen Ritualen wird verständlich, daß die Kirche von Anfang an gegen den 1. Januar zu Felde zog. An diesem Tag, der als einziger der sechs Neujahrstage als solcher schon immer festlich begangen wurde, feierte das Volk sein heidnisches Fest bis hin zu »parodierten« Messen. Predigten und Konzilsbeschlüsse (567 in Tours) konnten die heidnischen Bräuche kaum unterbinden. Die Kirche versuchte darum (wie sie es etwa beim Christfest mit Erfolg getan hatte!), den Neujahrstag mit anderen Inhalten zu belegen; zum Beispiel als Buß- und Fasttag. Oder man feierte den »8. Tag nach Weihnachten« (Weihnachtsoktav) als Fest der Beschneidung Jesu oder als Marienfest (so im 6. Jahrhundert in Rom). Für Luther begann das Jahr mit Jesu Geburtstag. Darum feierte er am 1. Januar »Christi Beschneidung und die Namensgebung des Herrn«. Daß Luthers Jahr mit dem 25. Dezember begann, zeigt sein Lied EKG 16,15: »... des freuen sich der Engel Schar' und singen uns solch neues Jahr.« Nach Luthers Tod schwenkten die anderen Reformatoren (Philipp Melanchthon und Johannes Brenz zum Beispiel) allerdings ein und machten den 1. Januar zum christlichen Neujahrstag. Der Jahreswechsel, der Altjahrabend und der Neujahrstag, geben der evangelischen Kirche die Möglichkeit des Rückblicks und Ausblicks in Dank und Bitte. Lieder des Gesangbuchs (EKG 36; 39; 41; 43) zeigen diesen Wandel an. Die katholische Kirche berücksichtigt in ihrer Liturgie den Jahreswechsel immer noch nicht. Und wenn evangelische Agenden versuchen, den christlichen Jahreswechsel wieder abzuschaffen, dann ist dieser Versuch zum Scheitern verurteilt. Der Kirchenjahreswechsel am ersten Advent kann den Naturjahreswechsel nicht ersetzen.

Der Altjahrabend hat in den Kalendern oft den Namen »Silvester«. Das meint den Papst Silvester I., der am 31. Dezember 335 gestorben ist. Er lebte zur Zeit des Kaisers Konstantin des Großen. Unter seinem Regiment wurden die Christenverfolgungen beendet. Nach der Legende soll Papst Silvester I. den Kaiser Konstantin vom Aussatz geheilt haben. Der Altjahrabend »Silvester« ist kein offizieller kirchlicher Feiertag

Bräuche

Heute bieten die christlichen Gemeinden am Altjahrabend und am Neujahrsmorgen Gottesdienste an, die am 31. Dezember meistens mit Abendmahlsfeiern verbunden sind. Oft werden auch Mitternachtsgottesdienste gehalten, und die Kirchenglocken läuten das neue Jahr ein.
Themen der Altjahresgottesdienste sind Rückblick auf das vergehende Jahr, Dank, Bekenntnis der Schuld, Bitte um Vergebung. Kirchengemeinderäte ziehen da und dort öffentlich Bilanz. Die Statistik der Gemeinde wird verlesen. Als Predigttext bietet sich die Jahreslosung des zu Ende gehenden Jahres an.
Themen des Neujahrsgottesdienstes — wegen der nächtlichen Festivitäten meist schlecht besucht — sind Ausblick, Bitte, Hoffnungen und Erwartungen, kaum die »Beschneidung Jesu«, gelegentlich die »Namengebung Jesu«. Als Text wird meist die Jahreslosung des neuen Jahres gewählt.
Die Kirche hat wohl ihr eigenes Jahr, das mit dem 1. Advent beginnt. Sie wäre aber schlecht beraten, würde sie sich vom 1. Januar als Jahresanfang distanzieren und nicht die Chance nützen, zur vergehenden und in Gottes Händen stehenden Zeit etwas zu sagen. Da die heidnischen Bräuche (Bleigießen, Lärmen, Knallen usw.) noch nie tot waren und überall fröhliche Urständ feiern, muß die Kirche, müssen die Christen zum Thema »Zeit und Ewigkeit« ihren Beitrag geben, zum Beispiel »Meine Zeit steht in deinen Händen« (Psalm 31,16) oder »Jesus Christus, gestern und heute und derselbe auch in Ewigkeit« (Hebräer 13,8).

Epiphanias

Erscheinungsfest

Der 6. Januar ist in manchen Ländern der Bundesrepublik Feiertag, in anderen nicht. Parteien halten ihr Dreikönigstreffen, und Kinder ziehen singend von Haus zu Haus. Verschiedene Namen hat dieser 6. Januar: Epiphanias (= Erscheinung), Erscheinungsfest, »Heilige Drei Könige«. Was ist das für ein Festtag, dieses Epiphaniasfest?

Zweimal Geburtstag Jesu

Das Hauptthema der christlichen Botschaft ist das Kommen Gottes in Jesus Christus. Diese Botschaft machte ihre Runde durch die Welt seit Pfingsten, also seit dem Tag, an dem den Jüngern aufging und einging, daß Jesus Christus, der am Karfreitag Gestorbene, zugleich der Auferstandene ist. Das Kurzbekenntnis der Christen hieß darum: »Jesus Christus, der Gekreuzigte und Auferstandene.« So wurde Jesus verkündigt. Die Geburt Jesu, das Jahr, der Tag und der Ort, spielten dabei zunächst keine Rolle.
Im Lauf der ersten Jahrhunderte wurde im oströmischen Teil der Kirche als Geburtstag Jesu der 6. Januar festgesetzt, lange bevor man in West-Rom den 25. Dezember als Termin bestimmte. Heute noch ist dieser 6. Januar in den orthodoxen Kirchen Geburtstag Jesu Christi.
In dem Namen »Erscheinungsfest« bzw. »Epiphanias« sind die Inhalte von Advent und Weihnachten verbunden. Es ging um die Erscheinung Jesu Christi, um sein Kommen, nicht nur als Kind, sondern als Mensch in diese Welt und Zeit.

Doppelter Schwerpunkt

Da der Geburtstag Jesu in den weströmischen Kirchen am 25. Dezember gefeiert wurde, mußte der 6. Januar, wollte man ihn als Festtag behalten, ein anderes Gewicht, ein anderes Thema bekommen. Zwei Schwerpunkte stellten sich im Lauf der Zeit heraus.

1. Die Erscheinung des Herrn

Neben der Geburt dachte man an diesem Tag an das öffentliche Auftreten (Erscheinen) Jesu vor der Welt, zuerst bei der Taufe. Damit wird an den 3. Advent erinnert, an Jesu Taufe durch Johannes den Täufer und an den Johannestag am 24. Juni. Darum wurde da und dort das Erscheinungsfest auch als Tauftag der Christen begangen, ebenso wie der Sonntag nach Ostern »Quasimodogeniti« (= als die neugeborenen Kinder). Man feierte am Erscheinungsfest auch die Erscheinung Jesu in seinen Wundern. Besonders die Wunder im Johannes-Evangelium: die Hochzeit zu Kana (Johannes 2), die Speisung der 5000 (Johannes 6) und die Auferweckung des Lazarus (Johannes 11).

2. Die Erscheinung des Sterns

Näher am ursprünglichen Sinn des Epiphaniasfestes, des Geburtstags Jesu, bleibt der andere Schwerpunkt:
Da im Neuen Testament zwei Berichte von der Geburt Jesu stehen, in Lukas 2 und in Matthäus 1 und 2, ordnete man Lukas 2 (die uns bekannte Geburtsgeschichte mit Augustus und der Krippe und den Engeln mit den Hirten) dem 25. Dezember zu. Matthäus 1 und 2 bedachte man am 6. Januar.
In Lukas 2 werden arme Hirten aus der Nachbarschaft durch die Engel Gottes zum armen Kind in der Krippe gewiesen. In Matthäus 2 leiten Stern und Bibel reiche Magier (Sterndeuter), die von weither kommen, zum Herrn und König der Welt. Diese Geschichte vom Stern und von den fernen Magiern regte zur Gestaltung des Tages als Fest der »Heiligen Drei Könige« an. Obwohl es nach dem biblischen Bericht weder Heilige noch drei noch Könige waren (vielmehr mehrere heidnische Sterndeuter!), hat sich diese Redeweise eingebürgert, unterstützt durch die Praxis der »Dreikönigsspiele«. Bald bekamen die »Könige« sogar Namen: Kaspar (nach Esra 1, 8), Melchior (= König des Lichts) und Balthasar. Die Dreizahl ergab sich aus den Geschenken: Gold, Weihrauch und Myrrhen. Die wertvollen, geradezu königlichen Geschenke machten die Magier zu Königen. Und weil sie den Herrn der Welt besuchten, wurden sie zu Heiligen.
Diese Geschichte, die die große Reichweite der christlichen Botschaft aufzeigte, ließ aus dem Erscheinungsfest einen »Tag der Mission« werden. In Württemberg sind darum an diesem Tag seit jeher Missionsgottesdienste. Heimatmissionare und andere stehen auf den Kanzeln. Und das Gottesdienstopfer ist für die Missionsgesellschaften bestimmt. Das »Licht der Welt« wird an Epiphanias besonders zum »Licht der Heiden«, zum »Licht der Völker«, die bisher von Jesus Christus noch nichts gehört haben.
Die zwei bis sechs Sonntage vor Ostern nach dem 6. Januar werden als »Sonntage nach dem Erscheinungsfest« bezeichnet. Die Zahl der Sonntage hängt jeweils vom Ostertermin ab. Alle Epiphanias-Sonntage haben als Thema das Licht, das in die Dunkel-

heit der Völkerwelt gekommen ist. So wie die »Weisen aus dem Morgenland« von ferne kamen, so sollen auch alle, die noch fern sind, zu Jesus kommen. Und weil sie nicht mehr zur Krippe und zum Kreuz kommen können, darum soll die Botschaft von Krippe und Kreuz zu ihnen getragen werden.

Epiphaniasbräuche

In katholischen Gegenden wird der alte Brauch, das *Dreikönigssingen,* wieder wach. Kinder ziehen als Könige verkleidet mit Mantel und Krone von Haus zu Haus, singen ihre Lieder, sagen ihre Sprüche, erbitten Geld für die Armen und malen ihre Zeichen an die Querbalken der Häuser und Türen: C + M + B. Oft setzen sie die Jahreszahl dazu, etwa 1 + C + 9 + M + 7 + B + 9. Das soll heißen: C = Caspar, M = Melchior, B = Balthasar. Die drei Buchstaben werden manchmal auch anders gedeutet: »CHRISTUS MANSIONEM BENEDICAT« (= Christus soll dieses Haus segnen!).

Die *Dreikönigsspiele* sind Teil einer alten Spieltradition. Ursprünglich bildeten die Spiele eine Trilogie: Paradeisspiel (Advent), Krippenspiel (Weihnachten), Dreikönigsspiel (Epiphanias). Die Paradeisspiele waren und sind selten und nur noch in alten Spielvorlagen zu finden. Dagegen sind die Krippenspiele die häufigsten. Die Dreikönigsspiele, in denen die Weisen aus dem Morgenland zur Krippe ziehen, sind meistens nahtlos mit den Krippenspielen verbunden. Diese Spiele machten es nötig, den Spielern Namen zu geben: Caspar, Melchior, Balthasar. Selbständige Dreikönigsspiele sind selten.

In den Familien und Gemeinden hat sich eingebürgert, *Weihnachtsfeiern und Weihnachtssingen* höchstens bis zum 6. Januar abzuhalten. Bei diesem Brauch werden die beiden Geburtstage Jesu noch deutlich.

Auch die Übung, die *Christbäume* nach dem 6. Januar aus Kirchen und Wohnzimmern fortzuräumen, hängt damit zusammen. Natürlich lassen die Christbäume bald die Nadeln fallen. Und doch ist der 6. Januar ein Stichtag für den Christbaum.

Andere Bräuche stammen aus heidnischer Zeit, die mit Epiphanias nichts zu tun haben. Die Nacht vor dem Dreikönigstag gilt als die letzte der heiligen zwölf Nächte, eine Zeit, in der es neben allem Glauben auch von Aberglauben wimmelt. Es sei die letzte Nacht, in der man die Zukunft träumen kann. Und das an Silvester vergessene Bleigießen könne man hier noch nachholen. Es ist auch hier so

wie überall: Der Glaube hat es schwer, sich gegen Unglauben und Aberglauben durchzusetzen.
Jeder, der nach dem wahren Sinn des Epiphanias-Festes fragt und sich aus Bibel und Kirchengeschichte die Antworten holt, weiß zu unterscheiden zwischen gutem Brauchtum und abzulehnenden heidnischen Überresten.

Passion

Das Wort »Passion« hat einen düsteren Klang. Wir hören von einer »afrikanischen Passion« und besuchen die »Matthäus-Passion« von Johann Sebastian Bach. Das Wort »Passion« kommt aus der lateinischen Sprache und heißt »Leiden«. Wenn wir in der Kirche von Passion reden, meinen wir damit das Leiden Jesu Christi. Was ist aber Passion eigentlich?

Thema: Passion

Das Leiden Jesu, das seinen Tod einschließt, ist die Kehrseite von Ostern. Ohne Ostern, ohne die Auferstehung Jesu, ohne die Überwindung des Leidens und Todes würde heute niemand von Jesus reden. So gehören Jesu Leiden (und Tod) und Auferstehung eng zusammen. Ostern läßt Jesu Leiden erst erkennen. Das Licht von Ostern macht die Schatten des Leidens sichtbar. Das Leiden Jesu beginnt nach der Meinung der einen am Gründonnerstag mit der Gefangennahme im Garten Gethsemane. Andere meinen, sie beginne mit dem Einzug Jesu in Jerusalem am Palmsonntag.
Im Glaubensbekenntnis heißt es: »... gelitten unter Pontius Pilatus gekreuzigt gestorben und begraben.« Je nachdem man die Satzzeichen setzt, kann man die Wörter »unter Pontius Pilatus« zu dem Wort »gelitten« oder zu »gekreuzigt« ziehen. Um hinter die Ausmaße des Leidens Jesu zu kommen, muß man wohl hinter »gelitten« ein Komma setzen und lesen: »... gelitten, unter Pontius Pilatus gekreuzigt, gestorben und begraben.« Damit ist ausgesagt, daß Jesu Leiden nicht erst unter Pilatus begann, sondern eine Beschreibung seines ganzen Lebens ist. Als Begründung dieser Aussage kann man auf den Kindermord in Bethlehem

und die Flucht nach Ägypten hinweisen, aber auch auf den beabsichtigten Felsensturz in der Heimatstadt Nazareth.
Wer von Jesus redet, redet darum auch von seinem Leiden, von den Widerständen, den Schwierigkeiten, seinen Feinden, die ihm nach dem Leben trachteten.
Leiden paßt nicht zu Gott. Gott ist der Mächtige und Starke. Leiden paßt auch nicht zum Bild des jüdischen Messias (= Christus). Allerdings kommt im Alten Testament in der Zeit des Exils in Babylonien (Jesaja 53) die Hoffnung auf einen leidenden Messias auf, der wie ein Lamm zur Schlachtbank geführt wird. Das Leiden Jesu ist nicht als Selbstzerstörungswille zu deuten, sondern ist notwendig im eigentlichen Sinn des Wortes. Jesus leidet *an* einer Welt, die auf Macht und Gewalt aus ist, die nach Profit giert und die Armen links liegen läßt. Jesus leidet *unter* einer Welt, die seine Worte nicht ertragen kann, seine Taten als Gotteslästerung empfindet und ihn mundtot machen will und es auch tut, indem sie ihn ans Kreuz schlägt. Und Jesus leidet *für* eine Welt, die aus diesen Irrwegen keinen Ausweg mehr findet, die in seiner Lebenshingabe die Liebe Gottes erkennen soll, die die Menschen auf diese Weise zu sich heimholen will.
Jesus leidet aus Gehorsam seinem Vater gegenüber. Das Leiden ist für ihn kein blindes Schicksal, sondern ein von ihm übernommenes Kreuz: »Nicht mein, sondern dein Wille geschehe«, betet Jesus im Garten Gethsemane.
Das Leiden und Sterben Jesu ist Gottes Tat in seinem Sohn für uns. Sein Leiden und Sterben, sein Tod und sein Kreuz sind so zum unüberbietbaren Beispiel, Muster, Symbol der Liebe Gottes geworden und damit zur einzigen und wahren Rettung für uns Menschen in der Welt.

Die Passionszeit

Die Passion Jesu nimmt im Glauben der Christen einen breiten Raum ein. Dies drückt sich auch in der Gestaltung des Kirchenjahres aus.
70 Tage vor Ostern beginnt die Passionszeit im weitesten Sinn. Man nennt diesen ersten Teil auch Vorfastenzeit; er wird durch die drei folgenden Sonntage gekennzeichnet: *Septuagesimae:* 70. Tag vor Ostern; *Sexagesimae:* 60. Tag vor Ostern; *Estomihi:* Sei mir ein starker Fels (Psalm 30,3). Der Wochenspruch der Woche, die mit dem Sonntag Estomihi beginnt, deutet auf den Sinn der Passionszeit hin: »Sehet, wir gehen hinauf nach Jerusalem.« Die Vorfastenzeit endet mit dem auf Estomihi folgenden Fastnachtsdienstag. Die Fastenzeit oder Passionszeit

im engeren Sinn beginnt mit dem Aschermittwoch. Von da an sind es noch 40 Tage bis Ostern.
Die Zahl 40 spielt in der Bibel eine große Rolle. Darum übernahm die Kirche diese Zahl in ihren Kalender, ins Kirchenjahr. 40 Tage dauert die Fastenzeit, 40 Tage dauert die Osterzeit (bis Himmelfahrt).
Die Zahl 40 gilt als Zahl der Fülle, des Gerichts und der Bereitung: 40 Tage regnete es bei der Sintflut, 40 Tage war Mose auf dem Berg Horeb, 40 Jahre zog Israel durch die Wüste, 40 Tage wanderte Elia zum Horeb, 40 Tage war die Bußzeit in Ninive, 40 Tage fastete Jesus in der Wüste.
Die Namen der Sonntage in der Passionszeit werden durch biblische Texte bestimmt, meistens durch die Sonntagspsalmen: *Invocavit* (als erster Sonntag in der Fastenzeit in Württemberg zugleich Landesbußtag): Er ruft mich an (Psalm 91, 15); *Reminiscere:* Gedenke, Herr (Psalm 25,6); *Oculi:* Meine Augen (Psalm 25,15); *Laetare:* Freuet euch (Jesaja 66,10); *Judica:* Richte mich, Gott (Psalm 43,1).
In der Passionszeit nimmt die Passionswoche einen besonderen Platz ein. Sie ist auch als »Karwoche« (Kar = trauern oder klagen), »Stille Woche« oder »Große Woche« bekannt. Die Karwoche beginnt mit dem Palmsonntag (Palmarum). *Palmarum* ist der Erinnerungstag an Jesu Einzug in Jerusalem (Matthäus 21), an den übrigens auch am 1. Advent gedacht wird. Mit diesem Tag beginnen die Tage Jesu in Jerusalem bis zu seinem Tod. *Gründonnerstag* ist der Erinnerungstag an Jesu letztes Mahl mit seinen Jüngern (Passamahl, Passalamm) und an seine Gefangennahme. *Karfreitag* (Trauertag) ist der Erinnerungstag an Jesu Kreuzigung und Tod. *Karsamstag* ist der Erinnerungstag an Jesu Sein im Grab.
Die Passionszeit will der christlichen Gemeinde vor Augen führen, was Gott in Jesus Christus für sie getan hat.

Passionsbräuche

Das Brauchtum in der Passionszeit ist groß. Manches aus der Passion Jesu kommende Brauchtum ist nicht mehr an die Passionszeit gebunden.

In der Passionszeit werden die verschiedenen *Leidensberichte* Jesu gelesen: Matthäus 26 und 27, Markus 14 und 15, Lukas 22 und 23, Johannes 18 und 19.

Die Passionsberichte des Neuen Testaments haben Dichter zu allen Zeiten in *Passionsspiele* umgestaltet (Oberammergau und anderswo). Andere Passionsspiele versuchen, den Prozeß Jesu in die Gegenwart hereinzuholen (zum Beispiel R. O. Wiemer: »Der Prozeß geht weiter«).

Der *Kreuzweg* in katholischen Kirchen und auf dem Weg zu Wallfahrtsorten will in 14 Stationen den Leidensweg Jesu nachzeichnen.

Die *Kunst* in allen Bereichen, auch bildende Kunst und Musik, variieren das Passionsthema: Grünewalds »Isenheimer Altar« oder Johann Sebastian Bachs »Matthäus-Passion« und »Johannes-Passion« und viele andere.

Kreuze (mit oder ohne Korpus) in Kirchen, am Wege, auf den Friedhöfen, auf Berggipfeln, an Häusern, in Wohnzimmern erinnern an das Leiden und Sterben Jesu.

Die *Fastenzeit* wird zum Teil auch von evangelischen Christen gehalten, indem sie auf bestimmte Annehmlichkeiten verzichten.

Die *Fußwaschung* (Johannes 13) wird vom Papst am Gründonnerstag geübt. Auch Sekten haben diesen Brauch übernommen.

Das *Abendmahl,* ergänzt durch das österliche Mahl, gehört zum geistlichen Leben der Christen.

In der *Karwoche* finden in vielen Gemeinden Passionsandachten statt, Passionsmusiken am Karfreitag. Zur Sterbestunde Jesu um 15 Uhr sind oft Gottesdienste. Da und dort ist üblich, das Glockengeläut einzuschränken und keine öffentlichen Trauungen zu halten.

Auch die *Paramente* werden in den liturgischen Farben Violett und Schwarz gehalten.

Die *Lieder* zur Passion Jesu beschreiben in ihrer Vielfalt die Schrecken des Todes Jesu und werden nicht müde, die Liebe Gottes in Jesus Christus zu uns zu besingen.

Die Passion Jesu Christi zeigt uns, warum es sich für uns noch zu leben lohnt. Bräuche, Sitten, Zeichen und Symbole deuten in einer großen Vielfalt darauf hin. Man muß nur zu verstehen bereit sein.

Ostern

Frühling, erwachende Natur und Ostern gehören zusammen. So ist die Volksmeinung. Neben Weihnachten ist Ostern das andere Fest, an dem es üblich ist, sich zu beschenken, vom Geburtstag und Namenstag einmal abgesehen. Während nun Weihnachten als kirchliches Fest in Richtung »Familie« entkirchlicht wurde, wurde Ostern mehr in Richtung »Natur« entkirchlicht. Ostern wird von »Ostara« oder »Auster« abgeleitet, was »Morgenröte« oder »aufgehendes Tageslicht« bedeutet. Ostern wird unabhängig von Glaubens- und Konfessionseinstellung gefeiert. Darum: Was ist eigentlich Ostern?

Ostern ist Anfang

Ostern ist das älteste Fest der Christenheit. Ostern ist wie eine Linse, in der sich alle kirchlichen Feste bündeln. Weihnachten oder Christfest ist das Fest der Geburt dessen, der vom Tod auferstand. Passionszeit und Karfreitag bezeugen den Auferstandenen als den, der für die Welt gestorben ist. Himmelfahrt ist die letzte Ostererscheinung Jesu.
Und Pfingsten ist das Fest der Menschen, die an Jesus Christus als den Gekreuzigten und Auferstandenen zu glauben begannen.
Ostern ist die Mitte aller christlichen Feste und die Mitte der christlichen Botschaft, aber zeitlich und inhaltlich mit Karfreitag untrennbar verbunden.
Ostern ist das Fest der Auferstehung Jesu. Die Botschaft von der Auferstehung Jesu ergab sich nicht logisch aus dem Leben Jesu. Dies zeigt sich im Erschrecken der Jünger über das leere Grab, im Reden von Märchen, als die Frauen von der Auferstehung Jesu erzählten, in der Furcht der Jünger und im Schweigen über die Nachricht von der Auferstehung. Die Auferstehungsbotschaft steht im Gegensatz zu allen menschlichen Möglichkeiten, gegen alle menschlichen Berechnungen und Hoffnungen.
Ostern ist die Botschaft vom Nein Gottes zum Tod, vom Ja Gottes zum Leben. Mit Ostern sagt Gott ja zu seinem Sohn, zu seinen Worten und zu seinen Taten, zu seinem Leiden und zu seinem Sterben, zu seiner Liebe und zu seiner Vergebung. Damit sagt Gott ein deutliches Ja zu all den Menschen, die sich die Liebe Jesu gefallen lassen. Ostern ist das Fest des neuen Lebens, das in der Nachfolge Jesu be-

ginnt und auch nach dem Tod nicht endet.
Alle Evangelien enden mit den Osterberichten. Sie sind also das Ziel der Berichterstattung der Evangelisten, das Ziel ihrer Predigt von Jesus Christus.
Die Osterlieder versuchen, Vielfältiges zu besingen: den Sieg Gottes über den Tod durch die Auferstehung Jesu, und damit die Auferstehung derer, die an Jesus Christus glauben. »Wo mein Haupt durch ist gangen, da nimmt er mich auch mit« (EKG 86,6). Paulus verkündigt der korinthischen Gemeinde den auferstandenen Christus (1. Korinther 15) als den »Erstling unter denen, die da schlafen«, als den Anfänger in der Reihe derer, die auferstehen. Die Botschaft Jesu: »Ich bin die Auferstehung und das Leben« wird so zu Recht zum Bekenntnis der Christenheit.

Die Osterzeit

Die Auferstehung Jesu geschah nach dem Neuen Testament am ersten Tag der Woche (nach dem Passafest). In Erinnerung an diesen ersten Tag halten wir Christen jeden ersten Tag der Woche, also jeden Tag nach dem siebten Tag (dem Sabbattag oder Samstag), als Sonntag, im Neuen Testament »Herrntag« genannt. Die UNO-Regelung, die den Montag zum ersten Tag der Woche macht, mag im politisch-wirtschaftlichen Rahmen verständlich sein; sie kann aber in der Kirche nicht gelten. In der Kirche muß der Sonntag der erste Tag der Woche bleiben, und zwar in stetiger Erinnerung an den ersten Ostertag, an die Auferstehung Jesu.

Die Osterzeit dauert 40 Tage wie die Passionszeit. Sie beginnt in der Nacht von Karsamstag zum Ostersonntag.

In katholischen und orthodoxen Gemeinden hat die *Osternacht* eine große Bedeutung. Die Auferstehung Jesu müsse in der Nacht geschehen sein, da am Ostermorgen das Grab bereits leer gewesen sei.

Am *Ostersonntag* sind festliche Gottesdienste. Früher war der Ostersonntag (oder schon die Osternacht) der Haupt-Tauftag.

Der *Ostermontag,* der zweite Osterfeiertag, unterstreicht (wie an Weihnachten und Pfingsten) die Wichtigkeit des Festes.
Die Sonntage nach Ostern bis zum Fest der Himmelfahrt Christi sind bestimmt von der Osterfreude und leiten das Kirchenjahr weiter bis Pfingsten.

Quasimodogeniti: »Als die jetzt geborenen Kindlein« (1. Petrus 2,2). Die früher an Ostern Getauften trugen bis zu diesem Sonntag weiße (Tauf-)Kleider. Darum heißt dieser Sonntag heute noch in der katholischen Kirche »Weißer Sonntag«, an dem heute die Erstkommunion gefeiert wird.

Misericordias Domini: »Die Erde ist voll der Güte des Herrn« (Psalm 33,5). Dieser Sonntag heißt auch »Hirtensonntag«, zu dem das Hirtenevangelium (Johannes 10,1-11) gehört.

Jubilate: »Jauchzet Gott, alle Lande!« (Psalm 66,1).

Cantate: »Singet dem Herrn ein neues Lied, denn er tut Wunder!« (Psalm 98,1).

Rogate: »Betet!« Dieser Sonntag führt zum nächsten Sonntag *Exaudi* weiter, der Pfingsten vorbereitet.

Die Osterzeit deutet durch die verschiedenen Sonntage an die Osterbotschaft. Sie verkündet mit den Sonntagsnamen und den biblischen Texten die umfassende Botschaft und die Vielfalt des Evangeliums.

Osterbräuche

Obwohl Ostern, die Auferstehung Jesu Christi, nicht verglichen werden kann mit der erwachenden Natur, da Auferstehung einmalig und Frühling immer wiederkehrend ist, so kann der Frühling doch immer wieder zum Bild und Hinweis auf Ostern werden.

In vielen Gemeinden ist es Brauch, am *Ostermorgen Gottesdienste* auf dem Friedhof zu halten. Verkündigung und frohe Osterlieder werden laut angesichts der Gräber und der Stätten des Todes.

Die *Osterspiele* haben leider nicht mehr das Gewicht, das sie früher hatten. Selten werden Osterspiele aufgeführt, obwohl es eine ganze Reihe gibt. Die Passionsspiele (bzw. Weihnachtsspiele) haben ihnen den Rang abgelaufen.

Früher gab es das *Osterlachen.* Die Pfarrer waren verpflichtet, die Gemeinde zum Lachen zu bringen, das heißt doch wohl, sie zum Zeigen ihrer Freude über den Tod des Todes anzuregen.

Der *Osterhase* ist nicht mehr wegzudenken. Er stammt aus heidnischer Vorzeit. Der Hase war für viele Völker das dämonische, unheimliche Tier, das auch im germanischen Aberglauben eine Rolle spielte. Vielleicht ist der Hase als »Meister Lampe« zum Osterfest gekommen als die »Lampe«, das Licht, der Lichtbringer. Vielleicht hat er auch nur mit dem Frühling etwas zu tun. Die beiden Bibelstellen (Psalm 104,18 und Sprüche 30,26) lassen die Deutung zu, daß der Hase das Symbol der Heiden ist, die am Felsen des Glaubens Zuflucht suchen.

Das *Osterei* ist ebenfalls uralt. Vor 5000 Jahren verschenkten

Chinesen bunt verzierte Eier zum Frühlingsanfang als Zeichen der Fruchtbarkeit und des wiedererwachten Lebens. Dieser Brauch war bei den Ägyptern wie bei den Germanen üblich. Das Osterei kann nur ein schwacher Hinweis auf das neue Leben sein.

Das *Osterlamm* ist ein Backwerk und erinnert an das Passalamm; es verbindet Karfreitag und Ostern. Auf alten Bildern sieht man oft das Lamm mit der Siegesfahne.

Der *Osterfladen* oder das *Osterbrot* werden in vielen Gegenden gebacken.

Ein *Osterspaziergang* ist immer ein Frühlingsspaziergang und erinnert an den Gang der Frauen zum Grab am Ostermorgen.

Zu den Osterblumen gehören die *Osterglocken.*

Es gibt auch Bräuche, die noch keine »christliche Taufe« über sich haben ergehen lassen (wie Ostereier und Osterhase). In manchen Gegenden werden Winterpuppen verbrannt, Hexen ausgetrieben oder Osterruten geschnitten. Dies alles hat mit dem Winteraustreiben, dem Frühlingsanfang, zu tun.
Die Osterbräuche haben alle ihren Sinn. Sie versuchen auf ihre Weise, den großen Osterglauben und die oft schwierige Ostertheologie auf die einfache Ebene des Volkes herunterzuholen. Wir werden bei genauem Zusehen immer wieder den Sinn entdecken, wenn wir nicht bei den Bräuchen hängen bleiben, sondern zum Kern der Botschaft durchdringen: zum Gottesdienst, zur Predigt vom Leben, zum Neuen Testament.

Himmelfahrt

Die Himmelfahrt Jesu ist für viele Menschen, auch für Christen, zum Problem geworden. Es ist das kirchliche Fest, mit dem auch die Christen am wenigsten anfangen können. Darum wird der Tag umgedeutet. Er wird zum Vatertag, an dem die Männer ihren eigenen Ausflug machen, der nur allzu oft in Trinkgelagen endet. Wenn eine Aufgabe sehr schwierig ist, nennt man sie ein »Himmelfahrtskommando«. Himmelfahrt ist eine große Verlegenheit. Darum: Was ist eigentlich Himmelfahrt?

Himmelfahrt ist noch einmal Ostern, aber anders.

Wir erfahren aus dem Neuen Testament, daß sich Jesus nach seiner Auferstehung 40 Tage lang in verschiedener Weise, an verschiedenen Orten, bei verschiedenen Anlässen, bei verschiedenen Menschen gezeigt hat. Die Himmelfahrt (in Lukas 24,50-53; Markus 16,19.20 und Apostelgeschichte 1,1-12 berichtet) beendet die Folge von Erscheinungen Jesu. Nach Himmelfahrt erfahren wir aus dem Neuen Testament keine Erscheinung Jesu mehr mit Ausnahme bei der Berufung des Paulus (Apostelgeschichte 9), die aber ganz aus der Zeit und dem Oster-Zusammenhang herausfällt. Sie kann darum hier außer acht gelassen werden. Himmelfahrt ist die letzte Ostergeschichte, die allerdings anders endet als die anderen. Jesus verabschiedet sich hier wie beim letzten Abendmahl am Gründonnerstag. Himmelfahrt ist aber zugleich eine bestimmte Deutung der Osterberichte und Ostergeschichte. Ostern ist zunächst einmal eine Bewältigung des Todes, ein Blick zurück, der erste Schritt ins Leben, ein Aufatmen nach dem Schrecken der Leidenszeit. Himmelfahrt weist nach vorn. Es drückt aus, was Ostern auch schon meint, spitzt es aber zu und verlängert es in die Zukunft und in unsere Gegenwart.

Über die Himmelfahrt Jesu wird nicht in allen Evangelien berichtet. Matthäus gibt den Tauf- und Missionsbefehl Jesu wieder, ohne auf die Himmelfahrt hinzuweisen (Matthäus 28). Und Johannes erzählt, daß Jesus am Ostertag den Heiligen Geist gegeben habe (Johannes 20), wobei dann bei Johannes Ostern, Himmelfahrt und Pfingsten in eins zusammenfallen. Himmelfahrt ist also eine Auslegungs-, Verstehens- und Glaubenshilfe für Ostern. Himmelfahrt weitet den Osterhorizont und macht einige Aspekte der Osterbotschaft, die für die Zukunft der Gemeinde und Kirche wichtig sind, deutlich.

Was ist oben? Was ist Himmel?

Der Gedanke der Himmelfahrt ist nicht erst seit dem Neuen Testament bekannt. Auch in manchen alten, vorchristlichen, animistischen Religionen ist die Vorstellung von einer Himmelfahrt da. Es gibt außerbiblische Berichte von einer Himmelfahrt des Jesaja. Von Mose und Elia wird eine Himmelfahrt berichtet. Bei der Verklärung Jesu erscheinen Mose und Elia wieder (Matthäus 17). Himmelfahrt ist ein nach oben Weggehen, und zwar in den Himmel.
Was ist oben? »Oben« ist im Neuen Testament zunächst nach dem Weltbild der Bibel räumlich zu verstehen, hat

aber auch (wie heute) eine übertragene Bedeutung. Oben ist der, der die Macht hat, der der Herr ist. Wir sagen »die da oben« und meinen die an der Spitze, ob sie über oder unter uns wohnen. »Oben« ist also eine Bezeichnung der Bedeutsamkeit, der Macht, der Herrschaft.
Was ist Himmel? Der Himmel (englisch = heaven; der Wolkenhimmel: englisch = sky) ist der Ort, an dem Gott wohnt. Man kann aber mit gleichem Recht sagen: Himmel ist die Weise, in der Gott existiert, nämlich unsichtbar. Der Himmel ist »oben«, weil er der Raum und die Weise Gottes ist. Er ist dort, wo Gott wohnt. Gott ist überall. Darum ist der Himmel überall. Jesus sagte einmal: »Das Himmelreich ist nahe herbeigekommen« und meinte damit, die Herrschaft Gottes sei herbeigekommen. Und er sagte ein anderes Mal: »Wo zwei oder drei versammelt sind in meinem Namen, da bin ich mitten unter ihnen.« »Himmel« ist also eine Seinsbeschreibung Gottes.

Texte und Lieder

In den *neutestamentlichen Texten* wird (abgesehen von den drei Himmelfahrtsberichten) die Himmelfahrt nicht eigens erwähnt. Sie ist ein Bestandteil der übrigen Botschaft und steht hinter der Aussage »von den Toten auferweckt und gesetzt zu seiner Rechten im Himmel« (Epheser 1,20.21). In der Verkündigung der Kirche spielt also nicht die Geschichte von der Himmelfahrt, sondern die Bedeutung der Himmelfahrt eine Rolle. In anderen Texten ist das ähnlich: Kolosser 1,15-21; 3,1-3; Johannes 14,2-3.

In den *Liedern* unseres Gesangbuchs zeigt sich, wie verschieden die Himmelfahrt ausgelegt wurde:

EKG 90: Die Himmelfahrt Jesu ermöglicht das Kommen des Geistes Gottes.
EKG 91: Die Himmelfahrt Jesu bringt die Bewahrung der Sünder auf der Erde. Der Weg zum Himmel ist frei. Nachfolge ist nötig, im Glauben. Das ist dann unsere Himmelfahrt, die im Menschen beginnt, von Gott geschützt und endlich zu aller Freude bei Gott enden wird.
EKG 92: Die Himmelfahrt Jesu macht Jesus zum Herrscher über »Himmel und alle Land«.
EKG 93: Die Himmelfahrt Jesu begründet den Glauben, daß auch wir einmal im Himmel sein werden. Die »Auffahrt« Jesu gibt Glauben an unsere »Nachfahrt«.
EKG 94: Die Himmelfahrt Jesu gibt Anlaß, ihn zu bitten, uns zu sich aus der Verirrung und aus der bösen Welt zu ziehen.
EKG 95: Die Himmelfahrt Jesu offenbart Jesus als Kö-

nig. Nichts kann ihn daran hindern, ein König zu sein. Er soll nun mich persönlich als Himmelsthron nehmen.
EKG 96: Die Himmelfahrt Jesu zeigt die Herrschaft Jesu über die Mächte und Gewalten im Himmel und auf der Erde. Er ist auch der Herr der Gemeinde, die sich auf die Ewigkeit bei ihm freut.

Himmelfahrt heute

In den Liedern fehlen Hinweise, die wir aus den Himmelfahrtsberichten heraushören. Es fehlt der ganze Bereich der Mission. Es fehlt die Beauftragung der Jünger. Es fehlt die Konsequenz aus der Tatsache, daß Jesus der Herr der Welt ist. Darum einige Überlegungen:
Himmelfahrt Jesu ist die Inthronisation Jesu zur Rechten Gottes. Himmelfahrt Jesu ist der Hinweis auf seine Unsichtbarkeit. Himmelfahrt Jesu ist der Hinweis auf seine Allgegenwart. Himmelfahrt Jesu ist Seins-, nicht Ortsveränderung. Himmelfahrt Jesu ist Platzbereitung bei Gott für seine Gemeinde. Himmelfahrt Jesu bedeutet den Herrschaftsanspruch Jesu über die ganze Welt. Himmelfahrt Jesu ist Beauftragung der Jünger, als Boten Jesu in die Welt zu gehen. Himmelfahrt Jesu heißt: Jesus ist weder durch Tod noch durch Raum noch durch Zeit zu begrenzen. Himmelfahrt Jesu heißt: Jesu Nachfolgern wird verheißen, daß auch sie eine Zukunft vor sich haben, die weder durch Tod noch durch Raum noch durch Zeit begrenzt ist. Himmelfahrt Jesu heißt: Von jetzt an müssen Menschen das Wort der Boten hören und diesem Wort glauben. Himmelfahrt Jesu ist seine Heimkehr zum Vater als erster Bruder unter seinen Brüdern.

Das Himmelfahrtsfest

Der Gottesdienst am Himmelfahrtsfest ist einer der Gottesdienste, die am schlechtesten besucht sind. Es ist darum verständlich, daß viele Gemeinden dem Himmelfahrtsfest besondere Themen geben und so den Festtag mitten in der Woche erhalten helfen: Missionsfeste, Gemeindefeste, Diasporafeste usw. Ursprünglich hatte das Himmelfahrtsfest (bis zum 4. Jahrhundert) keinen festen Termin. Man beging es an irgendeinem Tag zwischen Ostern und Pfingsten oder eben an diesen beiden Tagen. Erst allmählich ergab sich der Donnerstag in der 6. Woche nach Ostern.

Bräuche

Es hat sich eingebürgert, die Woche über Himmelfahrt (von Rogate bis Exaudi) als *Missionsopferwoche* zu halten, in

Erinnerung an den Missionsbefehl Jesu. Da und dort war üblich, im Gottesdienst ein *Christusbild* nach oben zu ziehen und verschwinden zu lassen. In der katholischen Kirche wird die *Osterkerze* (nach 40 Tagen) gelöscht.

Vielfach werden (wie am Totensonntag und an Ostern) die *Gräber* geschmückt.
Das Himmelfahrtsfest hat es verdient, daß es in unserer Kirche neues Gewicht bekommt. Sein Thema ist hoch aktuell.

Pfingsten

»Pfingsten, das liebliche Fest, war gekommen...«, schreibt Goethe. Vom Pfingstverkehr berichtet der Rundfunk: von verstopften Autobahnen und von zahlreichen Unfällen. Die Kinder haben Pfingstferien. Aber Pfingsten ist ein Fest der Kirche. Was ist eigentlich Pfingsten?

Pfingsten bei den Juden

Bei keinem anderen christlichen Fest (neben dem Passafest) spielt die jüdische Vorlage eine so große Rolle wie beim Pfingstfest.
Das Pfingstfest ist bei den Juden ursprünglich das *Wochenfest,* ein uraltes Wallfahrtsfest (wie Passafest und Laubhüttenfest). Man schmückte Synagogen und Häuser mit Blumen und Grün. Man feierte dieses Fest am 50. Tag (fünfzigster heißt auf griechisch »pentekoste« = Pfingsten) nach Ostern, sieben Wochen nach dem 16. Nisan. Von Ostern an zählen die Juden heute noch die Tage bis Pfingsten. Damit machen sie die vergehende Zeit deutlich: »Lehre uns unsere Tage zählen« (Psalm 90). Das Fest betont also die Vergänglichkeit des Menschen, daß die Tage gezählt sind.
Das Pfingstfest bekam im Laufe der Zeit immer neue Bedeutungen. Der 50. Tag nach Ostern wurde zum *Erntedankfest.* An diesem Fest wurde der ersten Früchte gedacht. Die Juden in der Diaspora (zum Beispiel in Deutschland) hatten dabei allerdings ihre Schwierigkeiten, da sie in Ländern wohnten, in denen es noch lange keine Früchte gab. Da auch zur Zeit Jesu schon und bald danach die Landwirtschaft eine immer geringere Rolle spielte, wurde dem

Pfingstfest die Bedeutung einer *Festversammlung* gegeben, an der man der Zehn Gebote gedachte. Die Juden feiern also heute an Pfingsten den Geburtstag der Zehn Gebote, denken zurück an den Berg Sinai. Dort, wo der Bund Gottes mit dem Volk begann, wollen die Juden immer wieder beginnen. Im Feuer wurden die Gebote dem Volk gegeben. Diese Feuer-Offenbarung vergessen die Juden an Pfingsten nicht. Gott machte seinen Bund mit Israel. Dieser Bund soll immer wieder erneuert werden. Die Propheten hatten keine andere Aufgabe als die: das Volk an die Gebote und an den Bund zu erinnern.

Pfingsten bei den Christen

Die Jünger und Freunde Jesu waren Juden, die im jüdischen Volk als kleine Gruppen lebten, an seinen Gottesdiensten, Sitten und Bräuchen teilnahmen und teilhatten. So feierten sie auch Pfingsten in Jerusalem. In Apostelgeschichte 2 erfahren wir in Form einer Geschichte, was Pfingsten für die Christen bedeutet.
An diesem ersten Pfingstfest nach den Osterereignissen begannen die Jünger Jesu aus der Verborgenheit und dem Schweigen herauszutreten, sich zum auferstandenen Herrn Jesus Christus zu bekennen und öffentlich von ihm zu zeugen. An Pfingsten erhielten die Jünger den Heiligen Geist, das heißt den lebendigen Glauben, daß Gott Jesus von den Toten auferweckt hat, daß Jesus heute lebt und regiert. An Pfingsten schloß Gott einen »neuen« Bund (in Erinnerung an den »alten« Bund am Sinai). Von Feuerzungen ist dort die Rede (in Erinnerung an die Feuer-Offenbarung am Sinai). Petrus war der Kopf der Jüngergruppe, predigte vom auferstandenen Herrn und taufte viele Gläubige. Von da an lief die Botschaft, zuerst durch Palästina, dann durch den Mittelmeerraum und durch die ganze Welt. Überall glaubten Menschen an Jesus Christus als den Gekreuzigten und Auferstandenen, kamen zusammen und bildeten Gemeinden und Kirchen. Die junge Gemeinde verstand diesen Glauben an Jesus Christus, diesen Geistempfang als Erfüllung der Verheißung des Joel (3,1-5) an die Gemeinde.
Johannes (20,19-23) kennt kein besonderes Pfingstfest. Ihm geht es also nicht um den Termin »50 Tage nach Ostern«, sondern um die Tatsache, daß die Jünger den Geist bekommen. Bei der Erscheinung Jesu im Jüngerkreis an Ostern gibt er sich zu erkennen und sagt: »Nehmet hin den Heiligen Geist!« Das bedeutet also, daß es nicht auf den Termin ankommt, sondern auf den Glauben an

Jesus Christus, den Gekreuzigten und Auferstandenen. Pfingsten kann also immer sein, jeden Tag. Wenn ein Mensch zum Glauben kommt, zu glauben beginnt, dann ist bei ihm Pfingsten geworden, und sei es mitten im Winter. Am jährlichen Pfingstfest denken wir an den Anfang der Christenheit zurück und bemerken dabei, wie lange es dauern kann, daß Menschen das österliche Handeln Gottes an Pfingsten beantworten. Wir denken an den Geist, auf den wir angewiesen sind, ohne den wir nicht glauben können.
Pfingsten erinnert uns alljährlich daran, daß wir den Glauben sicher nicht machen, aber ganz gewiß verhindern können. Die Jünger Jesu kamen als Jünger im Gotteshaus zusammen. Pfingsten macht deutlich: Um Gottes Geist, um den Glauben, müssen wir bitten. Und Gemeinde und Kirche haben eine Erneuerung, eine Stärkung des Glaubens immer nötig. Die Kirche besteht aus Gliedern. Erneuerung der Kirche fängt beim einzelnen an, bei uns, bei mir.

Die Pfingstzeit

Pfingsten ist der Abschluß der österlichen Freudenzeit (auch Halleluja-Zeit genannt). Als diese 50 Tage nicht mehr als ganze Festzeit verstanden wurden, hob sich aus diesen sieben Wochen das Himmelfahrtsfest heraus. Damit bekam der Sonntag vor Pfingsten, der Sonntag *Exaudi* (Herr, höre meine Stimme, wenn ich rufe; Psalm 27,7), ein größeres Gewicht. Er führte zum Pfingstfest hin. Die Christenheit bittet um den Heiligen Geist, der an Pfingsten ausgegossen wird.
Der *Pfingstmontag* unterstreicht die Wichtigkeit von Pfingsten. Ursprünglich feierte man eine ganze Woche lang Pfingsten. Diese Woche wurde dann auf drei, schließlich auf zwei Tage reduziert, wie es heute üblich ist.
Der trinitarische Charakter des christlichen Glaubens wird auch im Kirchenjahr deutlich. Jedes der drei Hauptfeste der Christenheit wird einem der drei Glaubensartikel zugerechnet und hat zur Verstärkung und Unterstreichung einen zweiten Feiertag: Weihnachten als das Fest der Liebe Gottes (erster Artikel), Ostern als das Fest Jesu Christi (zweiter Artikel), Pfingsten als das Fest des Heiligen Geistes (dritter Artikel).
In der katholischen Kirche werden die Sonntage, die dem Pfingstfest folgen, als »Sonntage nach Pfingsten« bezeichnet. In der evangelischen Kirche ist der Sonntag nach Pfingsten das Trinitatisfest (Fest der Dreieinigkeit Gottes), das die Weihnachts-, Oster- und Pfingstzeit abschließt.

Pfingstbräuche

Längst nicht so zahlreich wie an Weihnachten oder Ostern sind die Bräuche an Pfingsten.
In manchen Tiroler Kirchen hatte man ein Loch in der Decke, um eine *Taube,* das Symbol des Heiligen Geistes, herabfliegen zu lassen.
In der Halleiner Gegend *schießen* am Pfingstmorgen die Bauern in die Luft, um den Heiligen Geist »herabzuschießen«.
Grüne Birken (»Maien«, Psalm 118,27) werden gelegentlich in Kirchen aufgestellt.
Pfingstwanderungen sind, des schönen Wetters wegen, üblich geworden. Man kann sie gut verbinden mit einem Gottesdienstbesuch unterwegs in einer Kirche oder bei der »Kirche im Grünen«.

In den letzten Jahren hat sich die Ökumenische Bewegung dieses Festes als Geburtstag der Kirche im besonderen angenommen. Eine *Ökumenische Gebetswoche* wird in der Woche vor Pfingsten gehalten, die evangelische, katholische und freikirchliche Gemeinden gemeinsam verantworten.
Selten sind leider *Pfingstspiele* (Laientheater) geworden, obwohl sich zu diesem Thema viele Spiele anbieten würden.
Pfingsten ist das Fest des Glaubens, des Heiligen Geistes, der Gemeinde, der weltweiten Kirche, der Ökumene und zugleich ein Fest derer, die als Zeugen für die Kirche und ihren Herrn ihr Leben gelassen haben. Pfingsten ist und bleibt aber die Frage an uns, an mich: »Wie hältst du es mit der Kirche und ihrer Botschaft vom auferstandenen Herrn?«

Trinitatis
Dreieinigkeitsfest

Das Trinitatisfest (Dreieinigkeitsfest) spielt im Ablauf des Kirchenjahrs in den Gemeinden kaum eine Rolle. Himmelfahrt und Pfingsten, von der Gemeinde als Feste der Kirche auch kaum wahrgenommen, haben aber wenigstens Anhaltspunkte an biblischen Texten, die bestimmte Geschichten zum Inhalt haben. Sie haben also irgendwie etwas mit Historie, mit Geschichte zu tun. Das Trinitatisfest hat als Ausgangspunkt keine besondere Geschichte im Neuen Testament. Es kommt aus dem Bereich der Lehre der Kirche, der Dogmatik. Darum: Was ist Trinitatis?

Dreieinigkeit ist ein Bekenntnis

Das Dreieinigkeitsfest faßt heute die drei christlichen Hauptfeste zusammen: das Christfest als Fest des ersten Artikels (Gott liebt diese Welt); Karfreitag und Ostern als Feste des zweiten Artikels (Jesus Christus hat den Tod besiegt); Pfingsten als Fest des dritten Artikels (der Heilige Geist ist gekommen). Das Dreieinigkeitsfest schließt die Hauptfestreihe ab als Fest des Glaubens an den dreieinigen, den »trinitarischen« Gott.
Wo hat nun im Neuen Testament diese Zusammenfassung des christlichen Glaubens, also der trinitarische Glaube, der Glaube an den dreieinigen Gott, seinen Anhalt und seinen Beleg? Es ist bekannt, daß sowohl Juden als auch Moslems (beide »monotheistische« Religionen, also Religionen, die an nur einen Gott glauben) den Christen bestreiten, daß sie nur an *einen* Gott glauben. Sie sagen, Christen hätten drei Götter: Vater, Sohn und Geist. Die Zeugen Jehovas fallen in diese Kritik mit ein. Wir Christen betonen aber ausdrücklich, daß auch wir nur *einen* Gott anbeten, keine drei Götter. Es ist den Christen nie leicht gefallen, den Glauben an *einen* Gott, der als dreieiniger zu bekennen ist, zu verkündigen und als monotheistische Lehre auszugeben.
Im Neuen Testament selbst ist vom dreieinigen Gott nie die Rede. Diese stammt aus späterer Zeit. Aber Ansätze sind im Neuen Testament da. Diese Ansätze sind in einer großen Zahl von Bekenntnissen verschiedener Prägung verborgen. Solche Bekenntnisse finden sich in den Evangelien, in den Briefen der Apostel und in der Offenbarung. Das eine Mal werden »Gott und Geist«, das andere Mal »Jesus und Geist« und dann »Vater und Sohn« zusammen gesehen und zusammen bekannt. Ganz selten gibt es Formulierungen, in denen die drei Personen der Trinität vorkommen. In 2. Korinther 13,13 wird von der »Gnade Jesu«, der »Liebe Gottes« und der »Gemeinschaft des Geistes« gesprochen. Eine starre Form oder Formel oder Formulierung ist im Neuen Testament noch nicht zu finden. Bei Paulus und bei den anderen Briefeschreibern fehlt sie völlig. Nur an einer einzigen Stelle im Neuen Testament — allerdings an einer nicht unwichtigen — stehen die drei Personen der Trinität beisammen: »...taufet sie im Namen des Vaters und des Sohnes und des Heiligen Geistes« (Matthäus 28,18-20). Diese Formel weist aber schon in eine spätere Praxis der jungen Kirche.

Einleuchtend ist, daß in Kämpfen und Auseinandersetzungen immer mehr eine Kurzform, eine Faustregel, ein Minibekenntnis gefragt und nötig war. Man versuchte, den großen Gott, der sich uns Menschen zugeneigt hat und heute gegenwärtig ist, uns liebt und begleitet, in der trinitarischen Formel annähernd einzufangen. Wir müssen aber bekennen, daß Gott größer ist als jede Formel, auch als diese Formel, und daß wir diese, so kurz sie auch sein mag, nie ausschöpfen werden. Karl Barths Dogmatik, ein vielbändiges Werk, hat keinen anderen Inhalt als den Versuch, das trinitarische Glaubensbekenntnis auszuloten. Wir kennen nur *einen* Gott, keine drei Götter. Die Kirchengeschichte der Alten Kirche zeugt davon, wie sich Christen an dieser Dreieinigkeit die Zähne ausgebissen, sich gegenseitig gebannt und verketzert haben.
Das Bekenntnis zum dreieinigen Gott will umschreiben, nicht *wer* Gott ist, sondern *wie* Gott ist. Dieses *Wie* zielt auf Bewegung, auf Leben, auf Tun. Die Frage *Wer* fordert eine tote Antwort heraus.
Wie ist Gott? Deutlich wird dies bei Paulus am Schluß seines zweiten Korintherbriefes (13,13):
Gott ist gnädig: Jesus starb am Kreuz auf Golgatha. Dadurch ist der Riß zwischen Gott und den Menschen geschlossen, dadurch ist die Schuld der Menschen vergeben.
Gott liebt: Gott hat als Vater auf seinen Sohn verzichtet, ihn in diese Welt gegeben und uns so zu seinen Kindern und Jesu Geschwistern gemacht.
Gott gibt Gemeinschaft: Gott gab den Heiligen Geist und schuf dadurch den Zugang durch den Glauben an ihn, er schuf Gemeinde, in der Menschen zum Glauben finden, den Heiligen Geist empfangen können.
Trinität ist also keine Statik, sondern Dynamik, nicht Formel, sondern Leben, nicht Buchstabe, sondern Kraft.
Dreieinigkeit ist keine Zerteilung des einen Gottes in drei Götter, sondern die Offenbarung und Entfaltung des *einen* Gottes.
Dreieinigkeit ist das Bekenntnis zu dem Gott, der seine Menschen nicht im Stich gelassen hat, sondern sie immer wieder einlädt, in Jesus Christus durch den Heiligen Geist an ihn zu glauben.

Trinitatisfest und Trinitatiszeit

Erst seit dem 11. Jahrhundert wird das Trinitatisfest da und dort, aber an verschiedenen Tagen gefeiert. 1343 hat dann Papst Johannes XXII. für die ganze Kirche angeordnet, das Fest an einem Sonntag nach Pfingsten zu feiern. Im Lauf der Zeit bürgerte sich die Sitte ein, das Fest am ersten Sonntag nach Pfingsten zu begehen. Die evangelischen Kirchen schlossen sich dieser Sitte an und übernahmen das Trinitatisfest in ihr Kirchenjahr. Die Sonntage vom Trinitatisfest bis Totensonntag werden »Sonntage nach Trinitatis« genannt. Es sind die Sonntage, an denen der dreieinige Gott weiter entfaltet wird.

Bekenntnis heute

Wer den dreieinigen Gott ablehnt, stellt sich damit außerhalb aller christlichen Großkirchen. Auch wenn unter Trinität verschiedenes verstanden werden mag: Die Lehre von der Dreieinigkeit Gottes ist das Grundbekenntnis der christlichen Kirchen. Um dieses Bekenntnis, das in den Gottesdiensten regelmäßig gesprochen wird (und zwar in Form des apostolischen Glaubensbekenntnisses), immer wieder zu aktualisieren, werden seit einigen Jahren immer wieder Versuche unternommen, neue trinitarische Bekenntnisse zu formulieren. Sie sollen das alte Bekenntnis nicht ersetzen, sondern jeweils für die Gegenwart deuten, so wie christlicher Glaube heute nichts anderes ist als ein immer neues Verwirklichen des überkommenen Glaubens.
Ein Beispiel:

Wir glauben an Gott den Vater.
Im Weltraum bestaunen wir die Größe Gottes.
In uns Menschen bestaunen wir das Geheimnis Gottes.
In der Natur bestaunen wir die Schönheit Gottes.
In allem erkennen wir Gott, wenn er uns dafür die Augen öffnet.

Wir glauben an Jesus Christus, unseren Bruder.
In der Armut der Krippe begann sein Weg.
Im Tod am Kreuz endete sein Leben.
In der Auferstehung sagte Gott zu ihm ja.
In der Zukunft bleibt er der einzige Weg zum Vater.

Wir glauben an Gottes Geist der Liebe.
In der Gemeinde der Christen ist er da.
In den Gottesdiensten wird er gepredigt und erlebt.
Im Dienst der Nächstenliebe wird er zur Tat.
In unserem Glauben erkennen wir Gottes Geist.

Bräuche

Besondere Bräuche sind für dieses Fest nirgends zu entdecken. Dagegen ist die trinitarische Formel im Bereich des *Aberglaubens* fest verankert. Heilungen und Besprechungen in des »dreimalheiligen Gottes Namen« sind dort gang und gäbe.

Erntedankfest

Die Vaterunser-Bitte »Unser tägliches Brot gib uns heute« weist uns, so oft wir das Gebet Jesu beten, auf unser tägliches Brot hin, erinnert uns aber auch daran, daß auf eine Bitte ein Dank folgen sollte. Beim Tischgebet wird immer wieder der Dank ausgesprochen. Und wie oft wird im gottesdienstlichen Gemeindegebet Gott für die Gaben des Feldes und der Arbeit gedankt. Wozu ist dann noch ein besonderes Erntedankfest nötig? Was ist das Erntedankfest?

Zur Geschichte

Erntedankfeste waren im Altertum weit verbreitet. Die Römer kannten Dankfeste für die Ernte. Und im Alten Testament (2. Mose 23,16) feierten die Juden Wochen- und Laubhüttenfest als Erntedankfest. Die Abhängigkeit des Menschen vom Essen erfährt darin ihren Ausdruck. In der Kirche des Mittelalters sind Erntedankmessen mit der Segnung der Früchte und mit Tedeum (Herr, Gott, dich loben wir) bekannt. Einen festen Termin gab es damals nicht. Es lag nahe, das Fest nach der Ernte zu begehen. So bot sich oft der letzte Sonntag im September an. Einen festen Termin kennt die katholische Kirche bis heute nicht.
In der evangelischen Kirche wurden Danksagungen mit Tedeum für die eingebrachte Ernte fast überall üblich. In ländlichen Gemeinden wurden aus diesen Danksagungen Erntepredigten, die als feste Sitte um 1700 weit verbreitet waren. Danksagung mit Predigt war das Vorbild für das heutige Erntedankfest. Als Termin wurde der Michaelistag (29. September) oder ein benachbarter Sonntag gewählt. In einzelnen Gemeinden wurden andere Sonntage wahrgenommen: schon früher, kurz nach der Kornernte, anderswo erst im November nach der Weinlese. Seit 1773 ist in Preußen das Erntedankfest offiziell eingeführt. Als Haupttermin gilt der erste Sonntag im Oktober.
In Schweden zum Beispiel kennt man kein Erntedankfest. Für die Ernte wird am Danksagungstag (im Oktober) gedankt. Seit 1864 wird in den USA das Erntedankfest am letzten Donnerstag im November gefeiert. Wie Schweden kennt auch die Russisch-Orthodoxe Kirche kein besonderes Fest. Die ersten Früchte werden im August am Fest der Verklärung Jesu geweiht. In ländlichen Gebieten geht

dem Erntedankfest, das nach der Ernte gefeiert wird, eine Erntebetstunde voraus, in katholischen Gemeinden eine Ernteprozession, in denen um eine gute Ernte gebeten wird. Bei großer Trockenheit und bei andauerndem Regen bekommen die Betstunden besonderes Gewicht.

Buße, Dank und Freude

Der Inhalt des Erntedankfestes ist bestimmt von der eingebrachten Ernte. Schlechte Ernten bewirkten oft, daß das Erntedankfest zu einem Bußgottesdienst wurde. Gute Ernten ließen Dank und Freude überschießen. Beim Erntedankfest bezeugt der Mensch, daß er sich in der Hand Gottes weiß, das Brot aus Gottes Hand nimmt und dafür dankbar ist. Menschen, die mit dem Säen und Ernten des Brotes zu tun haben, merken, wie sehr sie vom Wetter abhängig sind, wie wenig sie selber, trotz aller technischen und chemischen Errungenschaften, zuwegebringen.
Der Abschluß der Ernte bedeutet, daß die Scheunen voll sind, daß man für den Winter genügend Nahrung hat, daß man Geld hat. Alles dies ist Grund zur Freude. Und wenn man Geld hat, kann man Feste feiern. Jetzt konnte man an die vollen Mehltruhen gehen und backen und fröhlich sein. So war es verständlich, daß das Erntedankfest aus dem kirchlichen Raum auch im weltlichen Raum seine Berücksichtigung fand. Überall finden darum von weltlichen Vereinen und Verbänden veranstaltete Erntedankfeiern statt. Auch das Dritte Reich feierte Erntedankfest als ein Fest des Bauern und der Landwirtschaft. Der »Reichsnährstand« trat gleichberechtigt neben den »Reichswehrstand«. Daß aber volle Truhen und Keller und Stadel nicht ausreichen, macht Jesus in seinem Gleichnis vom »Reichen Kornbauern« klar (Lukas 12,16-21). Nicht volle Truhen und Keller, volle Kassen und Konten sind wichtig, sondern »reich sein in Gott« ist entscheidend.

Der vergessene Glaubensartikel

Für Christen ist der zweite Glaubensartikel von Jesus Christus der wichtigste. Mit Recht. Dieser Artikel unterscheidet uns von den Juden und von vielen anderen Religionen. Das Erntedankfest erinnert uns aber als einziges Fest der Kirche daran, daß es auch noch einen ersten Artikel gibt. Im Volksglauben spielt dieser erste Artikel eine größere Rolle, als in der offiziellen Kirche und im Kirchenjahr zu erkennen ist. Gott ist nicht nur der Vater Jesu Christi, sondern auch der

Schöpfer der Welt, der Pflanzen und Tiere, des Himmels und der Erde. Das Erntedankfest macht es offenkundig und führt es uns deutlich vor Augen, daß wir auch davon leben, was wir mit unserem Mund essen und trinken. Wir Menschen »leben nicht vom Brot allein« (Matthäus 4,4), sondern auch vom Wort Gottes. Aber wir leben nicht nur vom Wort Gottes, sondern eben auch vom ganz natürlichen und leiblichen Essen und Trinken. Das Erntedankfest erinnert uns an die Zugehörigkeit zur Schöpfung. Zur Freude an der Schöpfung werden wir aufgerufen und zur Freude als Geschöpfe Gottes. Es gibt demnach auch eine ganz natürliche, gesunde, gottgewollte, herzliche Freude über Gott und seine Schöpfung.

Themen, die sich anbieten

In den letzten Jahren wollte man ein wenig davon wegkommen, daß immer die Landwirtschaft im Vordergrund steht. Nicht einmal 10 Prozent der Bevölkerung der Bundesrepublik Deutschland sind in der Landwirtschaft tätig. Die Industrie steht im Vordergrund. So bezog man die tägliche Arbeit und Gewinn und Erlös aus der Arbeit als Frucht mit ein und dankte am Erntedankfest für die Früchte jeglicher Arbeit. Nicht selten lagen darum auf dem Erntedankaltar dann Industrieerzeugnisse.
Mit dem täglichen Brot eng verbunden ist das Denken an die, die zu wenig tägliches Brot haben: die Hungernden in der Welt. In den letzten Jahren mehrt sich die Erkenntnis, daß wir nur dann auch noch morgen aus dem Boden tägliches Brot bekommen, wenn wir mit dem Boden sorglicher umgehen, ihm nicht zu viel Chemikalien und Kunstdünger zuführen und keinen Raubbau treiben. Das Nachdenken über das »Bebauen und Bewahren« der Schöpfung und nicht Ausbeuten und Zerstören hat begonnen. Man versucht, sich in den Haushalt der Natur (in die Ökologie) hineinzudenken und Natur- und Umweltschutz zu betreiben, damit auch noch unsere Enkel für etwas zu danken haben.
Nahe liegt die Verbindung zum Abendmahl, zu dem das Wort Jesu gehört: »Ich bin das Brot des Lebens.«
Zum festlichen Gottesdienst gehören seit vielen Jahren die Kinder, besonders die Kinder des Kindergartens. Die Kinder, eine besondere Gabe Gottes, bringen in ihren Körbchen die Gaben des Feldes.
Wenn der Gottesdienst ein festlicher Familiengottesdienst ist, dann ist damit ausgedrückt, daß die leibliche, biologische, natürliche, schöpfungsmäßige Familie ihren

Raum in der geistlichen Familie, in der Gemeinde hat.

Bräuche

Das *Tischgebet* ist das tägliche Erntedankfest, zu dem immer mehr und immer wieder Freude und Mut gemacht werden muß.

In ländlichen Gemeinden wird für den Gottesdienst ein *Erntekranz* geflochten.

Der *Altar* wird festlich geschmückt mit Blumen, Früchten aus Feld und Garten und in den Städten oft auch mit Erzeugnissen der Industrie.

Mit dem Erntedankfest ist an vielen Orten eine *Herbst- und Gabensammlung* für die Diakonie verbunden, für Heime der Diakonie, für Kinder, Kranke, Alte und Arme in der Gemeinde.

Das Erntedankfest hält in unseren Gemeinden den Glauben an unseren Gott, der unser Vater und *Schöpfer* ist, wach. Unser Dank gilt Gott, der uns unser tägliches Brot gibt.

Kirchweihfest

»Kirbe«, »Kerbe«, »Kirmeß«, »Kirmse«, »Kirchweih« wird im Herbst gefeiert. Große Feste mit Tanz (Kirchweihtanz) werden in ländlichen Gegenden veranstaltet. »Kirbekuchen« wird gebacken. Aber was ist der Inhalt des Kirchweihfestes?

Zur Geschichte

Die heutige Kirchweihe hat zwei Wurzeln. Nach jüdischem Vorbild (man vergleiche dazu 1. Makkabäer 4,36ff; 2. Makkabäer 1,7ff und Johannes 10,22) wird es schon bald in den ersten Jahrhunderten der Kirche Brauch, christliche Kirchen zu weihen und diesen Weihetag jährlich einmal festlich zu begehen. Die heidnische Wurzel ist die Meinung, daß man nur an einer geweihten Stätte opfern darf. Der römische Weiheritus hat bestimmte Vorschriften zum Inhalt. Nur der Bischof darf weihen. Die Kirche wird umschritten und besprengt, Altar und Wände werden gesalbt, ein Aschenkreuz wird angebracht, dic Reliquien werden im Altar beigesetzt, und auf dem Altar wird ein symbolisches Kerzen-Weihrauch-Opfer dargebracht.

Das Kirchweihfest entstand als Erinnerungsfest, bei dem der Einweihung der Grabeskirche in Jerusalem im Jahre 335 gedacht wurde. Es ist die unter Konstantin dem Großen erbaute Basilika gemeint, deren Einweihungsfest am 14. September begangen wurde. In Anlehnung an dieses Fest wurde das Kirchweihfest auch auf andere Kirchen übertragen.
Die Reformatoren sagten zur Kirchweihe ein radikales Nein, weil für evangelische Christen eine Weihe nicht in Frage komme. Weihwasser und Weihrauch wurden ersetzt durch Wort und Gebet. Allerdings bürgerten sich in den evangelischen Kirchen die »Kirchweihe«, jedoch mehr als »Einweihung«, und das Kirchweihfest bald wieder ein. Heute spielt es — leider — nur in ländlichen Gemeinden eine größere Rolle.

Sinn und Bedeutung

Wenn heute in den evangelischen Gemeinden Kirchweihe gehalten wird, also eine Kirche (ein)geweiht wird, dann ist der Sinn ein anderer als in der katholischen Kirche. Sie erhält ihre Begründung durch 1. Timotheus 4,5: »...es wird geheiligt durch das Wort Gottes und Gebet.« Durch Wort und Gebet wird das Kirchengebäude nicht »konsekriert«; es werden ihm also keine übernatürlichen Kräfte verliehen. Vielmehr wird das Gebäude »dediziert«; das Gebäude wird zum kirchlichen Gebrauch ausgesondert.
Von daher hat also jede Gemeinde ihren eigenen Kirchweihtag, den Tag, an dem die Kirche der Gemeinde »eingeweiht«, besser: in Dienst genommen wurde. Es wäre schön, wenn sich dieser Tag der Erinnerung an den Bau der Kirche, an die Opfer derer, die einst gebaut haben, an den Einsatz und den Glauben der Vorfahren wieder mehr einbürgern würde.
Viele Gemeinden halten sich aber an den halboffiziell ausgewiesenen Kirchweihsonntag im Herbst, wenn die Ernte vorbei ist und man Zeit zum Festen hat.
Die Gottesdienste am Kirchweihsonntag haben den Dank für das Kirchengebäude zum Thema. Nicht überall ist es möglich, Kirchen zu bauen. Nicht überall kann man Kirchen erhalten und erneuern. Kirchen sind nicht selbstverständlich.
Das Kirchweihfest erinnert an die Notwendigkeit der Versammlung der Gemeinde, an die Notwendigkeit, Gottesdienst zu halten. Gemeinde existiert nur, wenn sie zusammenkommt. Sie kann nur zusammenkommen, wenn sie einen Raum hat: die Kirche. Kirchweihsonntag ist darum ein Fest der Gemeinde.

Bräuche

Da das Kirchweihfest zwar an keinem festen Termin gefeiert, aber dann doch meistens in den Herbst nach der Ernte gelegt wurde, hatte man Zeit und Möglichkeit zu einem großen *Fest.* Überall wurde der *»Kirbekuchen«* gebacken. Sehr früh schon verbanden sich mit den Kirchweihgottesdiensten *Jahrmärkte,* die man wegen der Verbindung mit dem Gottesdienst »Messen« nannte. Der Name »Kirmeß« oder »Kirmse« kommt von daher. Diese Jahrmärkte in Form von ausgelassenen Volksfesten fanden nicht überall das Gefallen der Kirche, waren aber nicht zu verbieten.
Die Kirchengemeinden könnten sich *neue Sitten und Bräuche* zu ihren eigenen und gemeindeinternen Kirchweihfesten einfallen lassen. .Ob nicht in den einzelnen Gemeinden sich einige zusammenschließen und die Geschichte ihres Kirchbaus studieren und ein *Spiel* zusammenstellen?
Spiele zum Thema Kirchbau und Gemeindeaufbau gibt es eine ganze Reihe. Die Beratungsstellen in den Landeskirchen können hier helfen.
Das Kirchweihfest erinnert uns an die Notwendigkeit des Kirchengebäudes und der Versammlung der Gemeinde. Eigentlich ist jeder Gottesdienst ein »Kirchweihfest«. Aber wie bei anderen Themen ist es gut, wenn an einem bestimmten Sonntag der Akzent auf das Thema »Kirche, Gemeinde« gelegt wird.

Reformationsfest

Viele Menschen fangen heute mit diesem Fest nichts mehr an. Sie wissen oft noch, daß es irgend etwas mit der evangelischen Kirche zu tun hat. Manche nennen sogar den Namen Martin Luthers mit dem Hinweis auf den Thesenanschlag. Aber es wird schon schwierig, wenn man nach dem Tag und dem Sinn dieses Thesenanschlags fragt. Was ist heute das Reformationsfest?

Zur Geschichte

Schon bald nach der Einführung der Reformation in den verschiedenen Ländern Deutschlands gedachten die

Gemeinden jährlich im Gottesdienst der Reformation und dankten Gott dafür. Einen gemeinsamen Reformationstag konnte man noch nicht festlegen. Vielmehr wurde in den norddeutschen Kirchengebieten der Jahrestag der Reformationseinführung verschieden festgelegt: in Braunschweig 1528 der Sonntag nach dem 1. September, in Hamburg 1529 und Lübeck 1531 an Trinitatis, in Niedersachsen 1585 am Sonntag nach dem Johannestag. Pommern feierte am Martinstag (10. November) seit 1568 den Geburtstag Luthers. Da und dort wurde auch Luthers Todestag (18. Februar) mit Gottesdiensten gedacht. In Süddeutschland feierte man Reformationsfest, durch die Nähe von Augsburg bedingt, am Tag der Übergabe der Confessio Augustana, des Augsburger Glaubensbekenntnisses, das von Melanchthon verfaßt und von vielen evangelischen Ständen, Fürsten und Freien Reichsstädten unterzeichnet wurde, am 25. Juni. An manchen Orten feierte man Reformationsfest auch zusammen mit dem Kirchweihtag.
Johann Georg II. von Sachsen führte 1667 einen Termin ein, der sich im Lauf der Zeit überall und allgemein durchsetzte: der Tag des Thesenanschlags Martin Luthers am 31. Oktober 1517. Da dieser Tag nicht immer auf einen Sonntag fällt, wurde die Reformation am Sonntag zuvor oder danach mit Gottesdiensten festlich begangen.
Da das Reformationsfest weder ein Gottes- noch ein Christus- noch ein Geistfest ist, also nichts mit der Entfaltung des Glaubens zu tun hat, gab es immer wieder Menschen, die dieses Fest als kirchlich begründetes Fest ablehnten oder wenigstens in Frage stellten. Im ganzen ist es aber unbestritten.

Zum Inhalt

Zunächst ist das Reformationsfest ein Gedenktag, an dem man sich das Vergangene vergegenwärtigt. Die evangelischen Christen lassen sich in Gottesdiensten, Festveranstaltungen und kirchlichen Feiern sagen, warum sie evangelisch sind und eben nicht mehr katholisch oder nicht katholisch. Es ist ein kirchengeschichtliches Fest, an dem Geschichte lebendig werden kann, an dem man sich seiner Reformatoren erinnert, die am Ort oder in der Gegend Gründer und Begründer der evangelischen Kirche waren.
Man gedachte aber im besonderen der Tat Luthers, der durch seine neue Bibelerkenntnis von der Selbstgerechtigkeit und Werkgerechtigkeit zur Gottesgerechtigkeit durchstieß. Römer 3,24.26 steht: »Sie werden ohne Ver-

dienst gerecht aus seiner Gnade durch die Erlösung, die durch Christus Jesus geschehen ist..., auf daß er allein gerecht sei und gerecht mache den, der da ist des Glaubens an Jesus.« Mit dieser Bibelerkenntnis grenzte man sich immer wieder von der katholischen Kirche ab. Reformationsfest war darum immer ein Bekenntnisfest auch und gerade gegen die Katholiken, die immer noch im falschen Verständnis der Gerechtigkeit verhaftet blieben.

Man merkte aber im Lauf der Jahrhunderte, daß ein Fest, das aus einem Protest *gegen* etwas besteht und einen Protest *gegen* jemand zum einzigen Inhalt hat, auf Dauer keinen Sinn hat. Man erinnerte sich, daß *Protest* in Wahrheit *»Zeugnis für...«* bedeutet, nicht *»gegen«*.

Reformationsfest war immer auch ein Bekenntnistag zu Jesus Christus, womit man sich nicht im Gegensatz zu den katholischen Christen befand. Reformationsfest war immer auch ein Bekenntnis zu der Formel »ecclesia semper reformanda«, das heißt »die Kirche muß immer wieder erneuert werden« oder »die Kirche muß sich immer wieder erneuern lassen«. Auch mit dieser Aussage befanden sich die evangelischen Christen nicht im grundsätzlichen Gegensatz zu den katholischen Christen. Man wußte sich als Kirche im Werden, auf dem Weg, unterwegs. Man war nicht fertig, nicht am Ziel. Man wußte sich immer wieder schuldig und mit Fehlern behaftet. Evangelischer Christ sein hieß also nicht, fertiger Christ sein. Reformation besteht aus zwei Worten: *re* und *formatio*. Re heißt »zurück« und »wieder«. Reformation heißt also nicht nur »zurückgehen zur Form von einst«, sondern auch »noch einmal eine Form finden für diese Zeit«. Reformation heißt auf jeden Fall nie »zurück zu Luther«, sondern wenn zurück, dann »zurück zur Bibel«. Wenn wir Reformationsfest feiern, dann gedenken wir dessen, was Luther tat, und wollen das auch tun: Zurück zur Bibel! Man kann auch sagen: Heute neu die Bibel lesen und zu Erkenntnissen finden, die für heute gültig sind. Das Reformationsfest erinnert immer daran, daß Luther keine Spaltung der Kirche, sondern die Kirche, die ganze Kirche, von Grund auf erneuern wollte, indem er das Wasser zeigte, worin man sich erneuern konnte: die Bibel. Diese Überlegungen bewirken heute in vielen Gemeinden gemeinsame Veranstaltungen von evangelischen und katholischen Christen am Reformationsfest. Was Luther sagte, gilt auch heute noch und gilt allen: Zurück zur Bibel! Noch einmal und wieder einmal die Bibel lesen. Verschiedentlich macht sich die Erkenntnis breit: »Über

der Bibel haben wir uns getrennt; über der Bibel müssen wir uns finden.«
Gemeinsame Veranstaltungen am Reformationsfest legen sich auch durch das Allerheiligenfest am 1. November nahe, das der Anlaß für Luthers Thesenanschlag war. Einzelne gemeinsame Veranstaltungen nicht nur im Lauf des Jahres, sondern gerade am Reformationsfest sind Zeichen der Hoffnung. Damit sind aber nicht alle Probleme aus der Welt geschafft, nur der Anfang ist gemacht.
Reformationsfest kann heute kein antikatholisches Bekenntnisfest mehr sein. Wer das heute noch so ansieht, ist hoffnungslos der Vergangenheit verfallen und sieht nicht, was in Gemeinden und Kirchen katholischer und evangelischer Konfession in den letzten Jahrhunderten anders geworden ist. Die Bitte Jesu »...auf daß sie alle eins seien«, die paulinischen Bilder vom einen Leib und den vielen Gliedern gelten doch nicht nur innerhalb *einer* Kirche, sondern sind kirchenübergreifend, weltumfassend, ökumenisch.

Bräuche

In vielen historischen Reformationsorten entstanden ortsgebundene *Reformationsspiele,* die die Reformation am Ort darstellten. Darüber hinaus entstanden besonders zu den Hauptgestalten der Reformation Spiele (Theaterstücke, Laienspiele), wie zum Beispiel Martin Luther und Huldreich Zwingli. Auch ein Drama »Papst« entstand (von C. A. Bernoulli, 1934).
Der Brauch, am Reformationsfest Spiele aufzuführen, ist nahe verwandt mit der Herkunft der Fastnachtsspiele, in denen an der bestehenden Kirche Kritik geübt, Fehler aufgezeigt und der Verfall der Kirche gegeißelt wurde.
Man kann zu den Bräuchen auch rechnen, daß an diesem Tag das Lutherlied »Ein feste Burg ist unser Gott« gesungen wird.
Reformationsfest ist ein notwendiges Fest, an dem wir daran erinnert werden, daß wir als Kirche nicht fertig und nicht vollkommen, sondern immer noch unterwegs und immer »ecclesia reformanda« sind.

Buß- und Bettag

Der Buß- und Bettag ist ein unbeliebter Tag. Er liegt wie ein »erratischer Block« mitten in der Woche und stört. Mit Buße verbindet der Normalbürger Sünde und Strafe, das Bußgeld, wenn er als Autofahrer bestraft wird. Die Gottesdienste sind sehr schlecht besucht. Mangelndes Interesse oder gar mangelnde Kenntnis mögen der Grund dafür sein. Was ist ein Buß- und Bettag?

Was ist Buße?

Das griechische Wort, das Jesus bei seiner ersten Rede nach Markus »Tut Buße und glaubt an das Evangelium« (Markus 1,15) verwendet, bedeutet »Umkehr«. Nicht Umkehr irgendwohin, sondern Umkehr zu Gott, Heimkehr zu Gott. Eine solche Heimkehr erzählt Jesus im Gleichnis vom »Verlorenen Sohn« (Lukas 15,16-31). Nach langen Irrfahrten erinnert sich der verlorene Sohn seines Vaters, seiner Heimat und kehrt um, läßt die vermeintliche Freiheit hinter sich und gewinnt am Tisch des Vaters die wahre Freiheit. Buße ist Einsehen der Schuld und der Fehler und Bekunden des Willens, es mit Gottes Hilfe besser zu machen und neu anzufangen.

Zur Geschichte

Buß- und Bettage gibt es in allen Religionen. Im Alten Testament werden solche genannt: 1. Könige 21,8; Jeremia 3,21f. Obwohl im römischen Heidentum wahre Bußeinstellung fehlte, wurde doch die römische Praxis der Bußtage Modell für die christlichen Bußtage. In Kriegs- und Notzeiten setzte das Staatsoberhaupt solche Tage (Buß-, Bet-, Sühnetage) fest. Im Mittelalter gab es zwei Arten von Bußtagen: die eine Art wurde von der Obrigkeit bei besonderen Anlässen angesetzt, die andere war kirchlichen Ursprungs und leitete jeweils die neue Jahreszeit ein (also vier an der Zahl).
Die evangelischen Kirchen setzten diese Tradition fort. Die außerordentlichen Bußtage wurden in den verschiedenen (Religions-) Kriegswirren gehalten. Der erste evangelische Bußtag war in Straßburg im Jahr 1532, vom Kaiser angeordnet als Gebet gegen die Türken.
Die ordentlichen Bußtage waren in den verschiedenen Kirchengebieten ganz verschieden. Die einen hielten Buß- oder Bettage am Sonntag und Dienstag, andere am Mittwoch und Freitag. Mit

manchen Bußtagen war auch Fasten verbunden. Wieder andere Kirchen hielten eine monatliche »Bußpredigt« oder hielten sich an die Bußtage zu Anfang der Jahreszeiten (Quatember). Im Dreißigjährigen Krieg wurden für ganze Territorien »Landesbußtage« ausgerufen, die nun jede Obrigkeit verschieden festsetzte. 1878 gab es in 28 deutschen Ländern 47 verschiedene Bußtage an 24 verschiedenen Tagen.
Bei immer größeren Kontakten der deutschen Kirchen untereinander kam man einem einheitlichen Bußtag immer näher. Seit 1893 hielten die nord- und mitteldeutschen Kirchen den Mittwoch vor dem letzten Sonntag im Kirchenjahr als Bußtag. Die süddeutschen Kirchen machten noch nicht mit. Erst im 20. Jahrhundert wurde dieser Termin von allen Kirchen angenommen.
Daneben gibt es aber in einzelnen Kirchen noch eigene Bußtage: In Bayern und Württemberg wird der Landesbußtag am Sonntag Invocavit (am ersten Sonntag in der Passionszeit) begangen. Noch andere Tage kennen die Kirchen in Mecklenburg und Sachsen.

Zum Inhalt

Früher war die Buße vom Staat verordnet. Die Kirche hatte Buße zu tun, weil die Obrigkeit sich um das Wohl und Heil der Bürger sorgte. Nach 1919, als die Staatskirche abgeschafft war, hatte der Staat keinen Einfluß mehr auf die Gestaltung der kirchlichen Feste. Bußtage sind heute eine rein kirchliche Angelegenheit, auch wenn nicht bestritten werden darf, daß es an diesen Bußtagen um Themen gehen kann, die Staat und Kirche betreffen. Sofern die Kirche »Licht der Welt« und »Salz der Erde« ist, kann sie bei ihrem Reden und Handeln nicht nur an sich denken, beim Beten und Bitten erst recht nicht. So bekommen die Bußtage folgende dreifache Aufgabe:
Am Bußtag bittet die Kirche um Vergebung der Schuld unseres Volkes. Dabei wird vorausgesetzt, daß diese Schuld genannt wird. Man wird sich als Christ in diesem Volk als Glied verstehen.
Am Bußtag übt die Kirche in besonderer Weise ihr Wächteramt aus und nennt Schuld und Versagen der Kirche beim Namen. Manche denken dabei an den Bußtag nach der »Reichskristallnacht« (9. November 1938), an dem wenige Pfarrer das Schweigen der Kirche zur Judenverfolgung brachen.
Am Bußtag prüft auch der einzelne Christ sein Gewissen vor Gott. Auch der einzelne ist gefragt, in welcher Weise er den Willen Gottes im Volk tut.
Am Bußtag werden unsere persönlichen Sünden zur

Sprache kommen müssen. Die Schuld der Öffentlichkeit, des Staates, der Bürger insgesamt muß aber genannt und bekannt werden, wenn die Öffentlichkeit wieder vom Bußtag Kenntnis nehmen soll. Da wären zu nennen: das Alkoholproblem, die Verschwendungs- und Vergnügungssucht, die Energievergeudung, die Umweltverschmutzung, der Schöpfungsmißbrauch, die hungernde Dritte Welt usw. Wenn an irgendeiner Stelle auch die Politik auf die Kanzel gehört, dann am Bußtag. Sonst muß man den Bußtag abschaffen.

Bräuche

In vielen Gemeinden wird im Anschluß an den Bußgottesdienst *Abendmahl* gefeiert; in einigen wird der Gottesdienst als Abendmahlsgottesdienst gehalten.
Die Bußtage erinnern uns daran, daß — nach Luther — unser ganzes Leben Buße sein soll. Es ist aber gut, wenn an einem besonderen Tag Schuld beim Namen genannt und um Vergebung der Schuld gebeten wird. Auch so wird die Kirche ihrem Öffentlichkeitsauftrag gerecht.

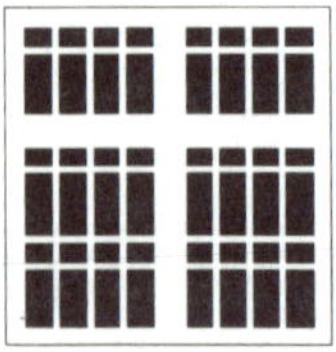

Totensonntag
Ewigkeitssonntag

Im Monat November häufen sich die »traurigen« Tage: die katholischen Tage Allerheiligen und Allerseelen, der Volkstrauertag, der Buß- und Bettag und der Totensonntag. Der Totensonntag wird am letzten Sonntag des Kirchenjahres, am Sonntag vor dem ersten Advent, begangen. Gelegentlich steht im Kalender auch ein anderer Name, nämlich: »Ewigkeitssonntag«. Was ist nun der Totensonntag?

Zur Geschichte

In einer Kirchenordnung aus Waldeck (1556) wird der letzte Sonntag nach Trinitatis, der Sonntag vor dem ersten Advent, »Fest des jüngsten Tages« genannt. 1540 kennt die Brandenburger Kirchenordnung ein »besonderes Amt mit einer Predigt von den Verstorbenen verbunden«. Luther war gegen einen besonderen Totentag. Darum lehnte er auch den Allerseelentag ab. Vielmehr wünschte er, daß die Beerdigungen würdig gehalten und dabei Glaubens- und Auferstehungslieder gesungen werden.
Im 17. Jahrhundert war das Leben, auch in der Stadt,

stark durch die Beerdigungen geprägt. Die Trauerzüge zogen vom Wohnhaus auf langen Wegen zum Friedhof. Als Gegenschlag verschwanden die Bestattungen im 18. Jahrhundert aus der Öffentlichkeit, wenigstens in städtischen Verhältnissen. Man sah aber ein, daß das Fehlen des Totengedenkens nicht der Wirklichkeit entspreche. So wünschte man eine »Totenfeier« für alle, wenigstens einmal im Jahr. An der Herrnhuter »Osterfrühfeier« nahm man Maß.
Aber erst 1816 wurde von Friedrich Wilhelm III. von Preußen ein »Feiertag zum Gedächtnis der Entschlafenen« angeordnet. Die vielen Toten der Freiheitskriege, die man nicht vergessen wollte, gaben wohl den Anstoß dazu. Bald folgten fast alle anderen deutschen Kirchen nach. Als Termin bürgerte sich der letzte Sonntag vor dem ersten Advent ein.
Allerdings wurde das Gefallenengedenken vom allgemeinen Totensonntag getrennt. Früher war dieses Gedenken am Sonntag Reminiscere (in der Passionszeit) und wurde »Heldengedenktag« genannt. »Heldengedenktag« hat einen zwiespältigen Klang. Er wurde umbenannt.
Heute heißt dieser Tag sinnvollerweise »Volkstrauertag« und ist auf den vorletzten Sonntag des Kirchenjahres, einen Sonntag vor dem Totensonntag, gelegt.

Zum Inhalt

Man wollte die Toten nicht vergessen. Da in größeren Gemeinden nie die ganze Gemeinde an den Beerdigungsfeiern teilnehmen konnte und kann, ist es gut, wenn des Todes und der Toten an einem bestimmten Tag gedacht wird. So werden in manchen Gemeinden am Totensonntag die Verstorbenen des vergangenen (Kirchen-) Jahres verlesen und die Angehörigen zu diesem Gottesdienst besonders eingeladen. Auf jeden Fall wird der Toten des vergangenen Jahres gedacht. Es legt sich nahe, an diesem Tag dann der Toten allgemein zu gedenken und sich an den eigenen Tod erinnern zu lassen. Das Menschenleben hat ein Ende. Das Ende des Kirchenjahres ist kein schlechter Anknüpfungspunkt für solche Gedanken.
In jüngster Zeit kommt anstelle des Namens »Totensonntag« die Bezeichnung »Ewigkeitssonntag« auf, in einem gewissen Rückgriff auf die Waldecker Kirchenordnung von 1556, die von einem »Fest des jüngsten Tages« sprach. Auch »Sonntag vom Jüngsten Tage« wird dieser Tag genannt. Damit wird nicht nur an das Lebensende, sondern an das Weltende erinnert, nicht nur vom Sterben des einzelnen Menschen geredet, sondern auch vom Untergang der Welt, vom Kommen des

Reiches Gottes, von der Wiederkunft Jesu Christi. Es wird die Auferstehung der Toten verkündigt und von der endgültigen Überwindung des Todes durch Jesus Christus am Ende der Tage gepredigt.
Der Tod des einzelnen, der Tod lieber Menschen des vergangenen Jahres wird in einen größeren Zusammenhang gestellt. Die Geschichte des Heils umschließt Lebende und Tote. Darum ist am Totensonntag nicht mehr der Tod, sondern das Leben, das durch Jesus Christus gekommen ist, kommt und kommen wird, das Hauptthema.
Diese Akzentverschiebung beim Thema dieses Sonntags kommt der Absicht Luthers entgegen. Luther wollte kein Totengedenken und auch keinen Gräberkult. Er wollte die Botschaft vom Glauben und von der Auferstehung verkündigen.

Bräuche

In manchen Gemeinden sind am Totensonntag Feiern oder *Gottesdienste auf den Friedhöfen.*
Wie in katholischen Gemeinden zu Allerheiligen oder Allerseelen die Gräber geschmückt werden, werden in evangelischen Gemeinden die *Gräber* auf den Toten- und Ewigkeitssonntag *geschmückt.*
An *Spielen* ist eine große Auswahl vorhanden. Allerdings wird zur Zeit von diesem Angebot kaum Gebrauch gemacht. An alte Spiele erinnern die *»Totentänze«,* an alten Kirchen als Bildbänder gemalt, die zeigen, daß alle Menschen, vom Kaiser bis zum ärmsten Bürger, sterben müssen.
Der Totensonntag als Ewigkeitssonntag knüpft an das Thema des zweiten Advent (von der Wiederkunft Jesu) und des Osterfestes (von der Auferstehung) an. Der Totensonntag ist ein wichtiger und richtiger Abschluß des Kirchenjahres, der auf unser Ende und Ziel hinweist.

III. Die kleineren Feste

Engelfest

Wenn wir von Engeln hören, dann fallen uns vielleicht die Putten ein, die wir an barokken Kirchen sehen. Mit der Wirklichkeit bringen wir solche Figuren wohl kaum in Verbindung. Die Hirten auf dem Felde kommen uns in den Sinn, die von Engeln über die Geburt Jesu verständigt werden. Möglicherweise denken wir an den Ausdruck: »Der muß einen guten Schutzengel gehabt haben«, wenn einer vor einem Unfall bewahrt geblieben ist. »Du bist ein Engel!« sagen wir zu einem Menschen, der uns als letzte Rettung erscheint. Das sind einige Notizen und Erinnerungen. Aber was bedeutet dann Engelfest?

Was sind Engel?

Von Engeln ist in der Bibel viel zu lesen. Bei Jesajas Berufung (Jesaja 6) sind Engel am Werk. Jeder dieser Engel hat sechs Flügel, und sie entsprechen damit nicht den üblichen Vorstellungen vom Engel. Ebensowenig kommen Engelgestalten in der Ostergeschichte (Markus 16,5: »Jüngling mit weißem Kleid«) den »lieben Engelein« entgegen, von denen Kinder (und Erwachsene) so gern in der Weihnachtsgeschichte reden. Nach Hebräer 1,14 sind alle Engel »dienstbare Geister, zum Dienst ausgesandt um derer willen, die das Heil erben sollen«. Dies widerspricht ebenfalls dem Volks-Schutzengelglauben, der darauf vertraut, daß jeder Mensch seinen Schutzengel hat, der ihn vor Unfall und Gefahr bewahrt.
Engel sind in der Bibel dort genannt, wo eine Botschaft auszurichten ist. Engel sind Boten (aggellein = verkündigen), die die gute Botschaft (= Evangelium = eu-aggellion) weiterzusagen haben. Der Bote tritt hinter seiner Botschaft zurück. Jesu Geburt wird durch einen Engel angekündigt (Lukas 1,26-38) und verkündigt (Lukas 2,8-14). Jesu Auferstehung wird durch »Männer in glänzenden Kleidern« (Lukas 24,1-12) bekanntgemacht.
Einerseits wußten die Menschen des Alten und Neuen Testaments um Mächte, die des Menschen Willen negativ beeinflussen, die ihn lähmen und von Gott abhalten. Andererseits kannten sie Kräfte, die den Menschen im Guten und zum Guten bewegen, die ihn vor Unglauben bewahren und auf guten Wegen geleiten. Die »guten Mächte« nennt die

Bibel »Engel«, die »bösen« nennt sie »Teufel« (diabolos = Durcheinanderbringer), »Satan« oder »Lucifer« (= Lichtträger = gefallener Engel). In Psalm 29,1 und in Hiob 1,16 werden die Engel sogar »Söhne Gottes« genannt. In Offenbarung 12,7ff wird davon berichtet, wie der Erzengel Michael den Sieg über den Satan erringt. Der Kampf zwischen Licht und Finsternis, zwischen dem Guten und dem Bösen, zwischen Gott und Satan steht hinter diesen Texten und Gestalten, der seine Parallelen in anderen Religionen hat. Im Neuen Testament sind aber nicht Engel die Hauptmächte gegen das Böse, sondern Jesus Christus. Die Engel sind im Dienst Jesu, nicht neben oder gar über ihm.

Verschiedene Engel

In Römer 8,38-39 werden verschiedene Mächte, Gewalten und Engel aufgeführt. Sie werden in der christlichen Kunst auch verschieden dargestellt. Die *Cherubim* werden vierflügelig, die *Seraphim* (= die Brennenden) sechsflügelig gemalt und gestaltet.
Mit Namen sind die Erzengel bekannt:
Gabriel ist der Engel der Verkündigung im Diakonsgewand (Lukas 1,26). In der Hand hält er meist ein reichgeschmücktes Szepter oder den Lilienstab.
Michael wird als Krankenheiler verehrt. Er ist der Besieger des großen Drachen (Offenbarung 12,7), vorher schon der Schutzengel Israels (Daniel 7), später Beschützer der Kirche und Patron der christlichen Heere.
Raphael gilt als Beschützer der Kinder und ist (nach dem Tobitbuch) der Begleiter und Schutzengel des Tobias.
Uriel gilt als vierter, aber fast unbekannter Erzengel.
Gelegentlich liest man drei weitere Namen: *Barachiel, Jehudsiel, Selalthiel.*
Neben den Erzengeln haben sich dann in der Kirche und ihrer Kunst zum Teil unter dem Einfluß vorchristlich-heidnischer und jüdischer Vorstellungen, verschiedene Arten und Typen von Engeln herausgebildet.
Ursprünglich waren es flügellose, teils bärtige junge Männer. Dann wurden sie schwebend dargestellt, daraufhin bald mit Flügeln. Bekleidet waren sie, je nach der Zeit, mit Tunika oder Pallium, dann mit Priester-, später mit Diakonsgewand. Dies mißdeutete man als Frauengewand, so daß ab dem 15. Jahrhundert Mädchen-Engel zu finden sind. Bekleidete Kinder-Engel entstanden in Deutschland. Die nackten Kinder-Engel (Putten) tauchen erst in der Renaissance-Zeit auf und gehen auf antike Genien und Eroten zurück. Damit hatte man in der Barockzeit das

häufigste Dekor an kirchlichen Geräten. Die Schutzengeldarstellung entwickelte sich sehr stark im Zuge der Gegenreformation.

Die Engelverehrung

Die Engelverehrung ist in der Kirchengeschichte einem dauernden Hin und Her unterworfen. Man nimmt an, daß Paulus im Kolosserbrief (2,18) gegen eine in Kolossae sich breit machende Engelverehrung Stellung bezieht, vermutlich weil die Engel an die Stelle Christi traten. Die Alte Kirche hielt an einer sich in Grenzen haltenden Engelverehrung fest, lehnte aber eine Anbetung ab. Schließlich wurde auf dem 7. Ökumenischen Konzil in Nicaea (787) bestimmt, daß man Bilder der Engel und der Heiligen »grüßen und verehrend vor ihnen niederfallen« dürfe. Luther hat über Michael mindestens dreimal gepredigt. Trotzdem lehnt er ein Engelfest ab, befürwortet aber ein Fest Gottes, der die Engel geschaffen hat. In der reformatorischen Schrift »Schmalkaldische Artikel« wird die Anrufung der Engel verworfen. Damit hatte in der evangelischen Kirche die Engelverehrung aufgehört. In der Gegenwart wird, als Gegenschlag gegen Aufklärung und Liberalismus, wieder mehr mit der Existenz von Engeln gerechnet. Daß es alle möglichen Mächte gibt, gute und böse, bezweifeln nur Böswillige. Ob man sie Engel oder »gute Mächte« (Bonhoeffer) heißen muß oder kann, wird verschieden beantwortet.

Erzengel Michael und sein Tag

Kein Engel ist so bekannt geworden wie Michael (= mi-ka-el = wer ist wie Gott?). Die Deutschen bekamen sogar ihren Schimpfnamen von ihm: »Deutscher Michel.« Als Schutzengel Israels und Sieger über den Satan war er besonders geeignet, auch zum Beschützer der Kirche zu werden und zum Patron derer, die den Schutz der Kirche auf ihre Fahnen geschrieben hatten, der christlichen Heere. Darum ist er auf Darstellungen in der christlichen Kunst als Wächter und Kämpfer zu sehen, als Anführer der himmlischen Heerscharen im Kampf gegen die Mächte der Finsternis, als Ritter ausgerüstet im Kampf gegen den Drachen. Die Bilder sind mit Darstellungen des heiligen Georg zu vergleichen. Michael ist wohl auch als Helfer Jesu im Jüngsten Gericht gemeint (Matthäus 24,31). Michael ist zum Vertreter der Engelwelt geworden. Von daher ist zu erklären, daß es unter den Festtagen nur *einen* Engeltag gibt, den »Tag des Erzengels Michael« am 29. September, der in manchen Gegenden auch am 18. Sonntag nach Trinitatis bzw. am dritten Septembersonntag gefeiert wird. Der Termin um die Tag- und Nachtgleiche im Herbst erinnert an den Kampf des Lichtes gegen die Finsternis. Manche Gemeinden nennen die Sonntage nach dem Michaelistag (1. bis 9.) »Sonntag nach Michaelis«. Zwei Themen sind zu bedenken: Die Kirche Jesu Christi auf der Erde ist immer eine kämpfende Kirche (ecclesia militans); und: die Bedeutung des Dienstes der Engel Gottes.

Sitten und Bräuche

In England, Dänemark, Schweden, aber auch am Niederrhein ist am Michaelistag die *Michaelsgans* Hauptgericht. In der Schweiz war früher der Michaelistag *Zinstag*. Im Kanton Bern gibt es noch reformierte Kirchen, in denen am 29. September das nachmittägliche Betläuten um eine Stunde (von 16 auf 15 Uhr) vorverschoben wird. *Michaelskirchen* sollten am Michaelistag ihren Festtag haben und sich der Engelthematik annehmen.

Aposteltage

In der evangelischen Kirche sind Bedenken gegen alle Feste und Feiertage vorhanden, die Menschen verherrlichen. Welchen Sinn und welche Bedeutung haben dann Aposteltage?

Zur Geschichte

Feste, an denen die Kirche der Apostel (der Jünger Jesu und der nach dem Tod Jesu berufenen Apostel) gedachte, sind schon im 4. Jahrhundert bekannt. Das älteste Apostelfest ist das am 29. Juni gefeierte Peter-und-Paul-Fest (seit 354). Luther lehnte alle Apostelfeste ab und stellte sie damit den ebenfalls von ihm abgelehnten Heiligenfesten gleich. Allerdings schaffte er sie nicht ab. Seine Kritik betraf hauptsächlich die Legenden, die sich um die Gestalten der Apostel rankten, die sich also vom biblischen Text weit entfernt hatten. Eine Ausnahme machte bei ihm Paulus, weil im Neuen Testament sehr viel über das Leben des Paulus steht und die Legende nichts Neues dazu erfinden mußte. Luthers Vorschlag war: »Man mag sie (die Aposteltage) auf die Sonntage ziehen oder, so es gefällt, gesondert feiern.« Die evangelischen Kirchen übernahmen die Einstellung Luthers. Und wo man dann diese Tage feierte, beging man sie als »halbe Feiertage«. Während diese Feste in der katholischen Liturgie und Agende einen festen Platz haben, spielten und spielen sie in den evangelischen Kirchen nur eine kleine Rolle. In den evangelischen Kirchen Nord-Europas kennt man diese Feste nicht. In England jedoch werden Aposteltage (mit Abendmahl) begangen, entsprechende Lieder gesungen, und es wird darüber gepredigt. Bewegungen in den evangelischen Kirchen, die sich besonders liturgischen Fragen zuwenden und auch Luthers Haltung zu den Apostelfesten überprüfen, stehen wohl zu Luthers Nein zu den Heiligenfesten, sagen aber ja zu den Apostelfesten. Immerhin wird das Abhalten der Apostelfeste in der »Agende für die evangelisch-lutherischen Kirchen I« 1955 empfohlen, was auf die Bemühungen der liturgischen Bewegungen zurückzuführen ist.

Die Tage

Als Apostel zählen die zwölf Jünger Jesu (Lukas 6,13-16), allerdings ohne Judas Ischariot, dafür aber Matthias (Apostelgeschichte 1,26). Dazu kommen die Evangelisten, sofern sie nicht Jünger Jesu aus dem Kreis der Zwölf sind (Markus und Lukas). Weiter werden dazugerechnet Paulus und Stephanus, die beiden (Blut-)Zeugen der Apostelgeschichte.

Die Aposteltage sind auf folgende Tage mit entsprechenden Bibeltexten festgelegt. Die Terminierung haben die evangelischen Christen von den katholischen übernommen.

25. Januar: Paulus (seine Bekehrung). Apostelgeschichte 9,1-9; Römer 1,1.

24. Februar: Matthias. Apostelgeschichte 1,15-26; Matthäus 11,25-30.

25. April: Markus. Apostelgeschichte 12,25; Markus 14,51.

1. Mai: Philippus und Jakobus. 1. Korinther, 4, 9-15; Johannes 14, 1-13.

29. Juni: Petrus und Paulus. Epheser 2,19-22; Matthäus 16,13-19.

25. Juli: Jakobus (der Ältere). Römer 8,28-39; Matthäus 20,20-23.

24. August: Bartholomäus. 2. Korinther 4, 7-10; Lukas 22, 24-30.

21. September: Matthäus. 1. Korinther 12, 27-31a; Matthäus 9, 9-13.

18. Oktober: Lukas. Lukas 1, 1-4; Apostelgeschichte 16, 11-13.

28. Oktober: Simon und Juda. Epheser 4, 7-13; Johannes 15, 17-23.

30. November: Andreas. Römer 10,9-18; Matthäus 4,18-22.

21. Dezember: Thomas.
2. Korinther 4, 1-6;
Johannes 20, 24-29.

26. Dezember: Stephanus.
Apostelgeschichte 6, 1-7;
6, 8 - 7, 59.

27. Dezember: Johannes.
1. Johannes 1, 1-10;
Johannes 21, 19b-24.

Es fällt auf, daß in evangelischen Kalendern kein Marientag und kein Josefstag erscheint. Josef und Maria treten ganz hinter die Boten Jesu, die die Botschaft weitertragen, zurück.

Die Bedeutung

Hinter Luthers Ablehnung der Aposteltage verbirgt sich die Ablehnung des Mißbrauchs. Er will keine Verbreitung der menschlicher Phantasie entsprungenen Legenden. Wenn Aposteltage einen Sinn haben sollen und können, dann den, daß durch sie Anlaß und Gelegenheit gegeben wird, die Botschaft des jeweiligen Apostels hervorzuheben. Gerade dies muß Anliegen einer evangelischen Predigt sein, die Botschaft Jesu Christi *nach* dem Zeugnis eines bestimmten Apostels aufzuzeigen. Die gute Botschaft Gottes kommt zu uns durch ganz konkrete und bestimmte Boten. Es dient dem Verständnis der Botschaft, wenn die jeweilige Botengestalt an Profil gewinnt. Die angegebenen Texte helfen dazu.
Die evangelischen Kirchen würden sich nichts vergeben, wenn sie die Apostelfeste wieder mehr, im Miteinander mit den katholischen Christen, beachten und in den Vollzug des Kirchenjahrs, auf jeden Fall in die Gottesdienste, einbeziehen würden. Und sie würden der Gemeinde die Botschaft weitergeben, wie sie auf uns durch Boten und Zeugen kam.
Nicht alle Boten und Apostel werden im Neuen Testament gleich deutlich und ausführlich dargestellt. Wir wissen von keinem Apostel so viel wie von den Aposteln Petrus und Paulus.

Sitten und Bräuche

Von Sitten und Bräuchen ist wenig bekannt. Gottesdienstvorbereitungskreise und Spielgruppen aber könnten sich der Apostel (anhand einer Konkordanz) annehmen und ihr Leben in Szenen oder ganzen Spielen der Gemeinde nahe bringen. Dies würde der Konkretisierung und Veranschaulichung der Botschaft und des Glaubens dienen. Auf jeden Fall sollten aber Gemeinden, die einen Apostelnamen tragen oder eine Kirche mit einem Apostelnamen haben, den jeweiligen Tag nicht ohne (kleines) Fest verstreichen lassen.

Sonstige Feste

Es gibt eine Reihe kleiner Feste, die da und dort, besonders in ländlichen Gegenden, (noch) eine Rolle spielen, sei es in Verbindung mit Bauernregeln, sei es zur Einteilung des Jahres, sei es als Ergänzung des schon bekannten Kirchenjahres.

Christustage

In Verbindung mit der Geburt Jesu sind folgende Feste bzw. Tage zu nennen:

28. Dezember: Tag der unschuldigen Kindlein (Matthäus 2,13-18); die Flucht nach Ägypten und der Kindermord in Bethlehem.

1. Januar: Tag der Beschneidung und der Namengebung Jesu (Lukas 2,21) acht Tage nach der Geburt.

2. Februar: Tag der Darstellung Jesu im Tempel in Jerusalem (Lukas 2,22-24) nach den Tagen der Reinigung.

25. März: Tag der Verkündigung der Geburt Jesu an Maria (Lukas 1,26-38). Neun Monate vor der Geburt Jesu am 25. Dezember wurde die Verkündigung an Maria bzw. ihre Empfängnis durch den Heiligen Geist festgelegt.

Eine Gestalt, die auf Jesus hinweist, hat ihren Tag um die Sommersonnenwende:

24. Juni: Tag Johannes des Täufers (Johannes 3,30). Johannes weist auf Jesus hin mit den Worten: »Er muß wachsen, ich aber muß abnehmen.« Die abnehmende Sonne soll auf das nicht abnehmende Licht Jesu Christi hinweisen.

Marientage und katholische Feste

Einige Feste sollten auch evangelischen Christen bekannt sein, obwohl sie in ihrem Glauben keine Rolle spielen und in ihrem Kalender keinen Platz haben. Die katholischen Christen begehen Marientage, Tage der Mutter Jesu:

8. Dezember: Maria wird von ihrer Mutter Anna empfangen *(Mariä Empfängnis)*. Neun Monate später, am

8. September, wird *Maria geboren.*

15. August: Fest der Aufnahme Marias in den Himmel (nicht Himmelfahrt Marias!).

Josef wird im Neuen Testament nur am Rande erwähnt. Dieser Tatsache entspricht der eine Tag:
19. März: Josefstag.

Drei weitere Feste bestimmen das katholische Leben stark. Evangelische Christen sind davon betroffen, weil diese Tage staatlich geschützte Feiertage sind.

Zehn Tage nach Pfingsten: Fronleichnamsfest. Das Fest entstand im Mittelalter, um den Ketzern gegenüber Jesus Christus in Gestalt der Hostie (Fron-Leichnam = des Herrn Leib) zu zeigen, zu bekennen. Diese Antiketzerbedeutung des Festes ist heute nicht mehr vorhanden. Das Fest ist heute ein öffentliches Bezeugen des Christusglaubens.

1. November: Allerheiligen, das Fest, an dem aller Heiligen gedacht wird, all derer, die für den Glauben zum Vorbild geworden und dafür heilig gesprochen worden sind.

2. November: Allerseelen, das Fest, an dem aller Toten gedacht wird, dem evangelischen Totensonntag entsprechend.

Zwei andere Feste sind im Volk so fest verankert, daß man sie nicht ganz übersehen kann:

11. November: Der Martinstag, an dem des heiligen Martin gedacht wird, der aus Liebe zu einem Armen seinen Mantel geteilt hat.

6. Dezember: Der Nikolaustag, an dem des heiligen Nikolaus, des Bischofs aus Griechenland, gedacht wird, der um der Rettung von Kindern willen die goldenen Geräte seiner Kirche verkauft hat.

Sitten und Bräuche

Der Johannestag, der anstelle der (heidnischen) Sonnenwende begangen werden sollte, gibt Anlaß, Johannesfeuer abzubrennen und Spiele um Johannes den Täufer aufzuführen. Man wird bei den beiden Heiligenfesten den Nächstenliebecharakter herausheben können und — um der Kinder willen — auf Martin und Nikolaus hinweisen. Auch dazu gibt es Spiele und Vorschläge.

Christliche Symbole

Symbole sind Zeichen, die mit wenigen Strichen, in Bildern und Abkürzungen auf Inhalte und Zusammenhänge in der Bibel hinweisen. Im folgenden wird eine kleine Auswahl aus der Vielzahl von Symbolen, Bildern und Zeichen kurz dargestellt, die in Bibel, Glaube, Kirche und Kunst vorhanden sind und benützt werden. Wer mehr darüber erfahren will, kann dies in den Büchern tun, die am Schluß des Buches aufgeführt sind. Hier sollen nur die wichtigsten Symbole kurz erklärt werden.

A und O

A und O, also Alpha und Omega, sind der erste und der letzte Buchstabe im griechischen Alphabet. Die Bedeutung ist: von A bis Z, von Anfang bis Ende. Die beiden Buchstaben umschließen alle Buchstaben und alle Wörter und Sätze, die man aus den Buchstaben bilden kann. »Ich bin das A und das O«, sagt Gott in Offenbarung 1,8. Jesus spricht dieselben Worte in Offenbarung 22,13. Mit dieser Aussage wird der alttestamentliche Gottesname »Jahwe« (Ich war, der ich war, ich bin, der ich bin, ich werde sein, der ich sein werde) auf eine kurze Formel gebracht, wie auch in der Aussage des Hebräerbriefes (13,8): »Jesus Christus, gestern und heute und derselbe auch in Ewigkeit.«
A und O, Anfang und Ende, besagen: Gott (und mit ihm Jesus) ist Herr über Raum und Zeit.

Abendmahl

Brot und Kelch oder Brot und Wein sind die beiden Elemente des Abendmahls, zu dem Jesus Christus die Gemeinde einlädt. Bei Matthäus (26,17-30), Markus (14,12-26), Lukas (22,7-23) und Paulus (1. Korinther 11,23-29) wird vom Mahl berichtet. Die beiden Worte Jesu: »Ich bin das Brot des Lebens« (Johannes 6,35) und »Ich bin der Weinstock, ihr seid die Reben« (Johannes 15,1-8) weisen auf das Abendmahl hin. Ebenso die beiden Wundergeschichten von der Speisung der 5000 (Matthäus 14) und von der Verwandlung von Wasser in Wein (Johannes 2,1-11). Das Abendmahl, auch Brotbrechen genannt, ist ein Kennzeichen der Christen, wie es zum Beispiel bei den Emmausjüngern (Lukas 24,13-35) zu sehen ist.
Brot und Wein sind die Elemente des Abendmahls, sie erinnern an den Tod Jesu für uns und weisen auf die Gemeinschaft zwischen Gott und uns und in den Gemeinden hin.

Anker

Der Anker ist ein Gerät, das Völker, die am Meer leben und auf Schiffe angewiesen sind, brauchen. Ein Schiff ist erst dann sicher im Hafen geborgen, wenn es den Anker geworfen hat und dieser fest im Meeresgrund haftet. Für die Christen ist der Anker Vorbild. In Hebräer 6,19 ist von einem »festen Anker« die Rede, der in der »angebotenen Hoffnung« besteht. Die Hoffnung ist Jesus Christus, der den Christen als Vorläufer vorausgegangen ist. Durch die Einfügung von Kreuzbalken erhielt das Ankersymbol eine christliche Prägung. Der christliche Anker war in den Zeiten der Christenverfolgung sehr beliebt, zum Beispiel in der Zeit vor Kaiser Konstantin dem Großen.
Der Anker ist das Zeichen der Hoffnung auf das endgültige Leben mit Christus bei Gott.

Baum

Bäume auf alten christlichen Bildern und Darstellungen können verschiedene Bedeutung haben. Auf alle Fälle ist der Baum ein Hinweis auf Leben und Fruchtbarkeit. Wenn ein Baum keine Früchte mehr bringt, fällt man ihn (Lukas 13,8-9). Sein Wachsen, Blühen, Früchtebringen, Absterben und wieder Erwachen ist Bild für das Leben überhaupt. Der Baum erinnert an den Baum des Lebens und den Baum der Erkenntnis des Guten und Bösen am Anfang der Bibel (1. Mose 2,9). Aber auch an den Baum des Lebens, der zwölfmal im Jahr Früchte bringt (Offenbarung 22,2). So wird in der christlichen Kunst oft das Kreuz zum Baum des Lebens, wobei aus dem Kreuz Zweige und Blätter wachsen. Der Baum wird für uns zum Zeichen des Lebens, das von Jesus Christus kommt.

Christus-monogramm (XP)

X und P sind die beiden griechischen Buchstaben Ch und R. Damit sind sie die Anfangsbuchstaben des Wortes »Christus«. Diese beiden Buchstaben wurden vielfältig dargestellt. Sie wurden mit »A und O«, mit dem Kreuz oder mit dem Fisch verbunden. Da später die lateinische Sprache bekannter und geläufiger war, versuchte man eine lateinische Deutung, die man in PX = PAX = Friede fand.
XP ist das Monogramm Christi und schon in den ersten Jahrhunderten der Christenheit weit verbreitet.

Dreieinigkeitssymbol

Die Dreieinigkeit (lateinisch Trinität) ist der Versuch der Christen, die Größe und Weite und Tiefe und Ewigkeit Gottes zu umschreiben. Sie bleibt für alle Christen ein Geheimnis. In Matthäus 28,19 wird der Glaube an den dreieinigen Gott erwähnt: »Taufet sie auf den Namen des Vaters und des Sohnes und des Heiligen Geistes.« Im Lauf der Kirchengeschichte stellten Künstler diese Dreieinigkeit vielfältig dar, etwa als drei gleiche Personen nebeneinander, die den Erdball tragen. Im 17. Jahrhundert kam die Sitte auf, die drei Weisen Gottes in Form eines gleichseitigen Dreiecks darzustellen. Später wurde in die Mitte des Dreiecks das Auge Gottes eingefügt: die Weisheit Gottes, seine Gegenwart. An Kirchengewölben ist dieses Symbol zu sehen, gelegentlich auch als dreiblättriges Kleeblatt oder in der Form von drei gleichen, ineinander verschlungenen Kreisen.
Das Dreieinigkeitssymbol will uns sagen: Gott ist unüberbietbar, weise und gegenwärtig.

Engel

Engel sind Boten Gottes. Das Wort »Engel« kommt vom Griechischen aggellein = senden, schicken, beauftragen. Engel sind also Gottes Beauftragte, Gesandte. Sie gehören zu Gottes Hofstaat, haben ihre Aufgabe in der Anbetung und im Lob Gottes (Offenbarung 8,2.6), im Schutz und in der Hilfe für Menschen und Völker (Hebräer 1,14) und als Überbringer der guten Botschaft Gottes (Lukas 2,9-14; 24,5-7). Engel wurden ursprünglich als (junge) Männer dargestellt. Flügel wurden ihnen erst später beigegeben. Im 16. und 17. Jahrhundert wurden die erhabenen, würdigen, leuchtend weiße Gewänder tragenden Gestalten durch kleine männliche und weibliche Putten ersetzt, was aber der Botschaft der Engel sehr abträglich war. Die Bibel kennt verschiedene Engel: Throne, Cherubim, Seraphim (Kolosser 1,16; Epheser 1,12; 3,10; Römer 8,38f). Einige Namen sind bekannt, etwa Michael, Gabriel, Raphael. Engel sagen uns: Gott ist gegenwärtig und hat eine wichtige Botschaft für uns.

Evangelistensymbole

Seit vielen Jahrhunderten ist es üblich geworden, den vier Evangelisten Matthäus, Markus, Lukas und Johannes je ein Symbolwesen zuzuordnen, um sie damit zu erklären.
Die vier Gestalten wurden dem Hesekielgesicht (Hesekiel 1) und der Offenbarung (4,6f) entnommen:
Matthäus = Mensch mit Flügeln (Engel);
Markus = Löwe (Tier der Wüste);
Lukas = Stier oder Ochse (Opfertier);
Johannes = Adler (hoher Flug der Anbetung).
Man sah im Menschen die Weisheit, im Löwen Mut und Kraft, im Stier (der das Joch trägt) Fügsamkeit und Geduld, im Adler Erhabenheit der Gedanken und Wünsche.
Diese Symbole sind an Kirchen und auf Münzen, auf Bildern und Kreuzen zu sehen.
Die Evangelistensymbole erinnern uns daran, daß wir auf die Botschaft der Evangelisten, also auf die Botschaft Jesu Christi, angewiesen sind.

Fisch

Der Fisch ist das Symbol Christi. Das griechische Wort für Fisch heißt »Ichthys«. Jeder einzelne griechische Buchstabe wird als Anfangsbuchstabe eines eigenen Wortes verstanden: I = Jesus, Ch = Christus, Th = Gottes, Y = Sohn, S = Retter. Bei späteren Abendmahlsdarstellungen findet man neben Brot und Wein auch den Fisch, in Erinnerung an die Geschichte (Johannes 21), in der Jesus Brot und Fisch zum Mahl reicht. Damit ist die Geschichte von der Speisung der 5000 zu vergleichen. Der Fisch ist auch Symbol der Christen, der Christus-Nachfolger. Petrus wird vom Fisch-Fischer zum Menschen-Fischer (Lukas 5, 10). Und der Fisch im Wasser stellt den Christen und Christus im Taufwasser dar. Der Fisch war und ist Kenn- und Erkennungszeichen der Christen und ein Bekenntnis zu Christus.

Hahn

Der Hahn ist von den Kirchtürmen bekannt. Man erzählte sich im Mittelalter: Petrus verleugnete seinen Herrn, der ihm dies schon vorausgesagt hatte (Matthäus 26,34). Petrus litt darunter. Darum habe er alle Hähne, die er später krähen hörte, gepackt und sie, für alle sichtbar, aufgespießt. Von daher stamme die Sitte, Hähne auf den Kirchtürmen als Spitzen anzubringen (seit dem 9. Jahrhundert). Der Hahn galt aber immer schon (vor Christi Geburt) als Symbol der Wachsamkeit. In der frühen Kirche verstand man ihn sogar als Symbol der Auferstehung: Der Hahn kündigt den neuen Tag an, an dem Christus kommen und die Toten auferwecken wird. Im Mittelalter schließlich hat man im Hahn das Symbol des Predigers gesehen. Der Prediger soll die Schlafenden wekken und sie zu Gott heimbringen.

Der Hahn erinnert an des Petrus Verleugnung und an Jesu Standfestigkeit; er will auch uns wachrütteln.

Hand

Die Hand ist Symbol der Rechtschaffenheit, Aufrichtigkeit und Ehre, aber auch der Macht. Wenn sich Menschen die Hand geben, dann sind sie sich wohlgesonnen. Wenn sie sich die Hand fürs Leben geben, gehen sie eine Ehe ein. Wenn Gott uns die Hand reicht, dann ist er uns wohlgesonnen und lädt uns ein, den Bund mit ihm zu schließen. Wenn im Alten Testament von der Hand Gottes (2. Mose 33,22) die Rede ist, dann ist das eine Umschreibung für Gott. Wenn Gottes Hand »handelt«, dann ist Gott da und handelt. Manche nennen die linke Hand Gottes die Hand der Gerechtigkeit, die rechte die der Barmherzigkeit. Beides zusammen ist Gottes Tun. Wo auf Bildern oder auf Schlußsteinen (in Kirchen) eine Hand zu sehen ist (ausgestreckt oder als Schwurhand mit verschiedenen Fingern), ist die Hand Gottes gemeint, in der Christen auch Jesus Christus erkennen: Jesus Christus ist Gottes rechte Hand.
Die Hand zeigt uns: Gott ist uns zugewandt, er hält uns, schützt uns, gibt uns seine Gerechtigkeit und Barmherzigkeit.

Jesus-Trigramm (IHS)

Die Schreiber der griechischen Handschriften des Neuen Testaments mußten den Namen »Jesus« oft schreiben. Darum kürzten sie ihn ab, entweder mit den beiden ersten griechischen Buchstaben (JH; H = e) oder mit dem ersten und dem letzten (JS) oder mit den drei ersten Buchstaben (JHS). Es gibt eine große Zahl verschiedener künstlerischer Darstellungen. Aber auch die Deutungen sind verschieden. Konstantin der Große habe (um 325 n. Chr.) die Buchstaben lateinisch gelesen und sie als Hinweis auf den Sieg mit Jesus verstanden: »In hoc signo« = in diesem Zeichen (wirst du siegen). Andere lasen ein Jesus-Bekenntnis heraus: »Jesus hominum salvator« = Jesus, Retter der Menschen. Die Reformatoren gingen wieder auf die griechische Sprache zurück und deuteten: »Jesous, hämon soter« =

Jesus, unser Retter. Und Fromme in Deutschland sagen: »Jesus, Heiland, Seligmacher.« In vielen Kirchen, aber auch auf manchen alten Bauernschränken sind die drei Buchstaben, kunstvoll verziert und variiert, zu sehen, oft verbunden mit dem Kreuz oder mit dem Christusmonogramm XP.
IHS ist das Trigramm Jesu und lenkt unsere Gedanken auf Jesus hin.

Kreuz

Das Kreuz, an dem Jesus starb, ist das Hauptsymbol der Christen. Im ersten Jahrhundert der Kirche scheute man sich allerdings, das Kreuz zu zeichnen. Das Kreuz ist ein altes Symbol, ist Sinnbild für die Verbindungen von weit Entferntem (Himmel und Erde). Im Kreuz finden sich Raum und Zeit. Das Kreuz verbindet, vermittelt. Es macht aber auch deutlich, daß unsere zeitlichen Wünsche (Waagrechte) durch Gottes ewige Liebe (Senkrechte) durchkreuzt werden.
Das Kreuz, an dem Jesus starb, wird T-Form gehabt haben, wie es bei den Römern üblich war. Die Kreuzformen sind heute vielfältig und kaum zählbar. Einige besondere seien genannt:

das *Ankerkreuz:* vier zusammengesetzte Anker;

das *Krückenkreuz:* vier zusammengesetzte T;

das *Jerusalemkreuz:* vier kleine Kreuze in den Winkeln eines Krückenkreuzes;

das *Lothringer Kreuz:* zwei Querbalken;

das *Johanniter-* bzw. *Malteserkreuz:* jedes Kreuzbalkenende ist gespalten;

das *Russische Kreuz:* zwei waagrechte Balken, ein schräger Querbalken;

das *Radkreuz:* das Kreuz in einem Rad (ein vierspeichiges Rad, das die Herrschaft Jesu über die Welt darstellt).

Das Kreuz ist das Zeichen unserer Rettung und des Sieges Jesu über den Tod.

Krippe

Die Krippe ist bekannt aus der Weihnachtsgeschichte. Sie ist der Futtertrog für die Tiere, in den Jesus gelegt wurde, weil »sie (Maria und Josef) sonst keinen Raum in der Herberge« hatten. Die Meinungen darüber, wie diese Krippe ausgesehen oder wo sie gestanden habe, sind vielfältig: eine Wiege oder ein kleiner Tisch, ein Korb oder ein Opferaltar stand in einem Stall, in einer Höhle, einer Grotte oder in einer Karawanserei. Auf vielen Bildern und in vielen »Krippen« wird sie dargestellt. Die Krippe sagt uns: So arm kam der Herr Jesus Christus zu uns.

Krone/ Kranz

Auf Bildern und in Kirchen sieht man Gestalten (auch Jesus), die auf ihrem Haupt einen Kranz oder eine Krone tragen. Kranz und Krone haben im Alten Testament die Bedeutung des Schmuckes, des Sieges, der Freude, des Ruhms, der Ehre. Im Neuen Testament wird dieses Bild erweitert. Es geht um die »unvergängliche Krone« (1. Korinther 9,25), um die »Krone der Gerechtigkeit« (2. Timotheus 4,8) und um die »Krone des Lebens« (Jakobus 1,12). Das Leben der Christen wird mit einem Kampf verglichen, bei dem es um den Siegeskranz geht (2. Timotheus 2,5). Nur der erhält ihn, der recht kämpft. Die Dornenkrone ist Ehre und Schmach, Macht und Ohnmacht in einem. Auf manchen alten Kreuzigungsbildern sieht man Jesus am Kreuz, aufrechten Hauptes, mit einer Königskrone. Jesus ist der Gekrönte. »Stephanus« heißt »der Gekrönte«, der »Bekränzte«.
Krone und Kranz erinnern an Jesus, der den Tod besiegt hat und mit »Ehre und Herrlichkeit gekrönt ist« (Hebräer 2,9).

Lamm

Das Lamm, das Junge von Schaf oder Ziege, ist immer schon Symbol der Unschuld und Reinheit gewesen. In Israel mußten Lämmer geschlachtet werden, um Schuld zu sühnen und Leben zu retten (2. Mose 12,3). Nun sagt Johannes der Täufer über Jesus (Johannes 1,29): »Siehe, das ist Gottes Lamm, welches der Welt Sünde trägt.« Gott stellt also in Jesus Christus ein Lamm zur Verfügung, das wirkliches Leben gibt und Schuld vergibt. Das (auf Darstellungen nicht liegende) Lamm bekommt Beigaben wie Kreuz oder Anker, Siegesfahne oder ein Christusmonogramm. Steht aber ein Hirte bei dem Lamm, dann ist damit das vom Hirten gefundene Schaf gemeint (Lukas 15,5).
Das Lamm erinnert uns an Jesus, der sein Leben für uns gelassen hat, und auch daran, daß Jesus jedem Verlorenen nachgeht, bis er ihn findet.

Lampe

Die Lampe war ursprünglich kein christliches Symbol. Erst nachdem das Christentum Staatsreligion geworden war (325 n. Chr.), begann man, Lampen aufzustellen und sie als Symbol zu verwenden. Man dachte dabei an die Geschichte von den fünf klugen und den fünf törichten Jungfrauen (Matthäus 25,1ff). Die fünf, die genügend Öl bei sich hatten, waren die klugen. Sie hatten Glauben, waren wachsam und in der rechten Andacht auf das Kommen des Bräutigams eingestellt. Die Lampen wurden dann im Lauf der Zeit mit vielen schönen, besonders christlichen, Symbolen verziert.
Die brennende Lampe, die genügend Öl hat, ist das Zeichen für einen lebendigen Glauben und erinnert uns daran, daß wir unser Glaubenslicht nicht verlöschen lassen sollen.

Maria (MRA)

Maria wird in der katholischen Kirche mehr als in der evangelischen Kirche verehrt. Sie spielt im Glauben evangelischer Christen eine geringere Rolle. Ihre Zeichen muß man aber kennen. Der Name Marias wird (ähnlich dem Namen Jesus) abgekürzt, entweder mit den beiden ersten (MA) oder mit den drei ersten (MAR) oder mit dem ersten, mittleren und letzten Buchstaben (MRA). In der Ostkirche ist es üblich, den wichtigsten Titel Marias abzukürzen. Dabei erhalten die Buchstaben MR eine andere Bedeutung: MRΘV = mater theou = Mutter Gottes. Die graphische Gestaltung der Buchstaben ist vielfältig.

MRA und andere Abkürzungen weisen uns auf die Mutter Jesu, auf Maria hin.

Palme

Die Palme ist ein altes orientalisches Symbol für Sieg, für Aufstieg, ja sogar für Wiedergeburt und Unsterblichkeit. Die Jünger hieben beim Einzug Jesu in Jerusalem (Johannes 12,13) Palmenzweige ab und machten den Todeszug Jesu zum triumphalen Siegeszug über den Tod. Daher kommt der Palmsonntag (am Sonntag vor Ostern). Palmbäume und Palmzweige findet man auf vielen Marmorplatten, Fresken, Grabsteinen usw. Christus mit einem Palmbaum weist auf den herrschenden Christus hin. Palmzweige in den Händen von Christen kennzeichnen sie als Märtyrer, die im Sterben für ihren Glauben gesiegt haben. Man sagte sogar »Palme des Martyriums«.

Die Palme ist ein Zeichen des Sieges des Christus und der Christen über den Tod.

Regenbogen

Der Regenbogen wurde (nach 1. Mose 9,12-16) nach der Sintflut von Gott als Zeichen des Bundes zwischen Schöpfer und Geschöpf in die Wolken gesetzt. Germanen, Römer und Griechen sahen im Regenbogen eine Brücke. Der Bogen, sonst zum Schießen verwendet, ist jetzt das Zeichen des Friedens. In Offenbarung 4,3 erinnert der farbenreiche Strahlenkranz an den siebenfarbigen Regenbogen. Drei Hauptfarben werden gesehen: Blau = Sintflut, Rot = künftiger Weltbrand, Grün = neue Erde. Andere deuten die sieben Farben als die sieben Geister Gottes (die Gaben des Heiligen Geistes) oder als die sieben katholischen Sakramente.

Der Regenbogen ist Zeichen des Friedens und ein Hinweis darauf, daß Gott uns versorgen will; denn »solange die Erde steht, soll nicht aufhören Saat und Ernte, Frost und Hitze, Sommer und Winter, Tag und Nacht« (1. Mose 8,22).

Schiff

Das Schiff ist ein altes Sinnbild für die Reise. Das Leben der Menschen ist einer Seereise ähnlich. Es beginnt in einem Hafen, fährt über das stürmische Meer und endet wieder in einem schützenden Hafen. So findet man das Schiffssymbol auf alten christlichen Särgen, was die Hoffnung ausdrückt, daß der Tote in der Ewigkeit bei Gott ankommen möge. Das Schiff ist aber auch das Symbol der Kirche (in Erinnerung an die Arche Noah). Die Kirche fährt durch das Meer der Zeit in die Ewigkeit. Die Christen sind die Mannschaft. Ein altes Lied sagt: »Es kommt ein Schiff, geladen…« (EKG 4).

Heute ist das Schiff Symbol für die ökumenische Bewegung, in der sich fast alle Christen der Erde zusammengefunden haben, um miteinander ans Ziel, in den schützenden Hafen zu fahren.

Das Schiff sagt uns, daß wir in der Gemeinde miteinander zum Ziel Jesus Christus und seiner Ewigkeit unterwegs sind.

Schlüssel

Mit einem Schlüssel kann man öffnen und schließen. Wer den Schlüssel hat, hat Vollmacht, hat die »Schlüsselgewalt«. Nach Matthäus 16,19 hat Petrus, nach Matthäus 18, 18 haben alle Jünger Jesu die Vollmacht, zu binden und zu lösen, Sünden zu behalten und zu erlassen. So findet man Petrus oft mit dem Doppelschlüssel (binden und lösen) auf Darstellungen in der christlichen Kunst. In Offenbarung 1,18 sagt Jesus selbst: »Ich habe die Schlüssel der Hölle und des Todes.« Die Schlüsselgewalt liegt also in der Hand Jesu.
Der Schlüssel weist uns darauf hin, daß Menschen einander im Namen Jesu Schuld vergeben dürfen.

Sonne

Gott schuf am vierten Schöpfungstag die Sonne als die Beherrscherin des Tages. Sie wird als Kreis dargestellt und gilt als unsterblich; obwohl sie jeden Abend ins Totenreich sinkt, kommt sie jeden Morgen neu hervor. Sie ist Licht, Wärme, Leben, Richtung. Im Alten Testament lobte man Gott »vom Aufgang der Sonne bis zu ihrem Niedergang« (Psalm 113,3). Im letzten Kapitel des Alten Testaments wird die Hoffnung von der »Sonne der Gerechtigkeit« laut (Maleachi 3,20). Zur Zeit Jesu wurde die Sonne von den Römern angebetet. Darum war es den Christen zunächst verwehrt, die Sonne als Symbol zu verwenden. Aber schließlich wurde aus dem Sabbat der Herrntag und dann der »Sonntag«. Jesus wurde die »Sonne der Gerechtigkeit«, und Paul Gerhardt sang: »Die Sonne, die mir lachet, ist mein Herr Jesus Christ.« Oft wird die Sonne als Strahlenkranz mit einem Kreuz dargestellt. Die Sonne sagt uns: Jesus Christus ist unser Licht und Leben, unsere Wärme, Richtung und Gerechtigkeit.

Stern

Der Stern ist uns aus der Geschichte von den Weisen aus dem Morgenland (Matthäus 2,1-12) bekannt, in der gesagt wird, daß Sterne (und auch die Wissenschaft von den Sternen) wohl richtige Aussagen machen können. Das Ziel aber zeigt erst das Wort Gottes. Der Stern ist Zeichen und Bringer des Lichts. »Aus Jakob wird ein Stern aufgehen« (4. Mose 24,17). Dieses Wort bezog man auf den Messias. Jesus selber sagt von sich: »Ich bin der helle Morgenstern« (Offenbarung 22,16). In Offenbarung 3,16 ist von Christus die Rede, der sieben Sterne (= sieben Planeten = sieben Gemeinden = sieben Gemeindevorsteher) in der Hand hat. Sterne geben ihr Licht an andere weiter. Sterne am Christbaum, am Himmel und auf Bildern erinnern uns an Jesus Christus, den hellen Morgenstern.

Taube

Die Taube erinnert an zwei Bibelstellen. Die eine: Noah war in der Arche. Er ließ nach dem Sinken der Flut Tauben ausfliegen. Die zweite Taube trug ein frisches Ölblatt im Schnabel (1. Mose 8,11). Die Taube ist somit die Botin des Friedens, der jetzt einkehrt. Die andere Bibelstelle: Bei der Taufe Jesu (Matthäus 3,16) kommt »der Geist Gottes wie eine Taube« herab. So gehört die Taube zur Taufe. Die Taube macht das Liebeswort des Vaters an seinen Sohn sichtbar: »Dies ist mein lieber Sohn, an dem ich Wohlgefallen habe.« Später wird die Taube zum Symbol des Heiligen Geistes, der die Kraft Gottes ist und am Menschen handelt.
Die Taube erinnert uns an das stetige Handeln Gottes an uns durch seinen Heiligen Geist.

Tauf-symbol

Das Wasser ist für den Menschen schrecklich und gefährlich. Den Wassermassen gegenüber fühlt er sich machtlos. Andererseits ist aber das Wasser lebensnotwendig, und es reinigt. Durch das Kreuz, durch Jesus bekommt das Wasser die Bedeutung des Taufwassers. Die Taufe mit Wasser findet in der Kunst vielerlei Darstellungen. Am einfachsten ist die Gestaltung des Kreuzes über den Wasserwellen. Man kann auch als Taufsymbol einen Fisch (= Christusnachfolger) im Wasser schwimmend finden.
Das Taufsymbol erinnert uns an unsere eigene Taufe und an die Liebe, die Gott uns in Jesus Christus zugesagt hat.

Trauben

Trauben spendete man in den ersten Jahrhunderten der Kirche (neben den ersten Früchten des Feldes) der Gemeinde, um sie dann an die Armen weiterzugeben. Später gab man Trauben und Weizen (Wein und Brot), die gesegnet wurden, auf das Abendmahl hinwiesen und Jesus Christus selber darstellten. In Anlehnung an das Wort Jesu: »Ich bin der Weinstock« (Johannes 15,5) erinnern die Traubenranken auf den vielen Gemälden, Schnitzereien und Skulpturen an das Abendmahl und an Jesus.
Die Trauben deuten auf Jesu Leiden und Sterben hin, bei dem er sein Blut vergossen hat.

Fremdwörter und Abkürzungen

I. Fremdwörter in der Kirche

Unsere Kirche hat eine lange, reiche Geschichte. Sie begann nicht auf deutschem Boden, sondern im Vorderen Orient, in Palästina, und kam dann über Griechenland und Italien nach Deutschland. In einer fast zweitausendjährigen Geschichte ist die Kirche das geworden, was sie heute ist. Und sie ist immer noch im Werden. Sie kann und will aber nicht alles abstreifen, was sie im Lauf von zwei Jahrtausenden geprägt hat. Sie möchte, neben vielem anderen, auch nicht auf viele Wörter und Begriffe verzichten, die mit dieser Geschichte zusammenhängen, Wörter und Begriffe, die aus der hebräischen, griechischen und lateinischen Sprache kommen. Viele dieser Wörter sind uns ganz geläufig. Das Wort »Bibel« zum Beispiel heißt ganz schlicht »das Buch«, aus dem wir Gottes Wort hören. Wir singen ganz selbstverständlich »Halleluja« und ahnen, daß das mit dem Lob Gottes zu tun hat. Selten weiß aber jemand, was ein »Antependium« ist oder warum die Predigt »Predigt« heißt. In Wörtern und Begriffen kann man sich bergen, wenn man sie kennt. Ihre Kenntnis hilft zum Heimischwerden in der Kirche der Väter, ohne die es heute keine Kirche gibt. Mit diesen fremden Wörtern und Begriffen gehören wir in die große Gemeinschaft der Christen auf der ganzen Erde.

In der folgenden Zusammenstellung werden Wörter und Begriffe erklärt, die im Gottesdienst, in der Kirche und in ökumenischen Zusammenkünften der Kirchen und Christen eine Rolle spielen.

Advent (lat)
»Ankunft« (Jesu Christi); die Adventszeit umfaßt die vier Sonntage vor Weihnachten.

Agape (gr)
»Liebe«; auch Bezeichnung für das »Liebesmahl«, das mit dem Abendmahl verbundene gemeinsame Mahl der (urchristlichen) Gemeinde.

Agende (lat)
Merkbuch; Buch mit den Gottesdienst-Ordnungen, Perikopen, Bibelworten und Gebeten.

Agnus Dei (lat)
»Lamm Gottes«, dreigegliederter Gemeindegesang aus der Liturgie.

Aktion (lat)
»Tätigkeit«; ein gemeinsames Tun, zu dem aufgerufen wird.

Alba (Albe) (lat)
»Weiß«; ein weißer Überwurf des Pfarrers in manchen Gemeinden, den er bei der Austeilung der Sakramente, bei Trauung und Konfirmation trägt. Ursprünglich »Taufkleid«.

Altar (lat)
»Erhöhter« Opferplatz; stammt aus heidnischer Zeit; der Altar steht in der Kirche und ist der Mittelpunkt der Abendmahlsfeier; ursprünglich Tischform, später meist Kastenform, heute wieder (auch in der katholischen Kirche) Tischform.

Anamnese (gr)
»Erinnerung, Gedächtnis« (= Memorial); das Gedächtnis der Heilstaten Gottes, das bei der Eucharistie Gott als Lobopfer gebracht wird.

Ambo (lat)
Ein Ort, meist im Altarraum, im Unterschied zur Kanzel, von dem im Wortgottesdienst Lesungen und Predigt gehalten werden.

Amen (heb)
»Das ist wahr!« Die Bestätigung des Gebets durch die Gemeinde.

Antependium (lat)
»Vorhang«, ein Tuch, das vom Altar herabhängt, mit Symbolen, dem Kirchenjahr entsprechend, versehen. Teil der Paramente.

Antiphon (gr)
Beim Psalmodieren zwischen den Psalmversen oder am Anfang und am Schluß gesungener Vers (dem Refrain ähnlich).

Apokalypse (gr)
»Offenbarung«.

Apostel (gr)
Der »Abgesandte« Jesu Christi oder Gottes.

Askese (gr)
»Übung«; streng enthaltsame Lebensweise.

Autorität (lat)
»Vollmacht, Ermächtigung«, Einfluß einer Persönlichkeit.

Barett (lat)
Eine flache Kopfbedeckung; gehört zur Amtstracht von Geistlichen und Richtern.

Beffchen (lat)
Zweiteiliger weißer Laschenkragen, u.a. von evangelischen Pfarrern getragen.

Bibel (gr)
»Buch«; die Heilige Schrift, in der Altes und Neues Testament enthalten sind.

Bischof (gr)
»Aufseher« (episkopos); ursprünglich der Gemeindeleiter, heute der Leiter einer Kirchengemeinschaft, einer Landeskirche.

Brevier (lat)
Buch der kirchlichen Stundengebete der katholischen Priester; manchmal auch für eine Gedichtsammlung verwendet.

Charisma (gr)
»Gnadengabe«; eine besondere Begabung.

Chor (gr)
Der für die Sänger bestimmte Ort in der Kirche und zugleich Bezeichnung der Gruppe, die an diesem Ort singt.

Choral (gr)
Das Lied des Chores, dann Kirchenlied.

Christus (gr)
Der »Gesalbte«; Jesus von Nazareth; auf hebräisch = Messias (Maschiach).

Ciborium (lat)
»Speisekelch«; Gefäß für die Aufbewahrung und Austeilung der Hostien.

Credo (lat)
»Ich glaube«; Kurzbezeichnung für das apostolische Glaubensbekenntnis, das mit diesem Wort beginnt.

Dekalog (gr)
Die Zehn Gebote.

Dekan (lat)
Der leitende Pfarrer eines Kirchenbezirks, eines Kirchenkreises, eines Dekanats.

Diakon (gr)
»Diener«; Mitarbeiter im kirchlich-sozialen Bereich (Diakonie), in der katholischen Kirche auch im geistlichen Bereich.

Diaspora (gr)
»Zerstreuung«; damit sind jeweils die Minderheiten gemeint, Protestanten in katholischer Umwelt, Katholiken in protestantischer Umwelt, Christen in nichtchristlicher Umwelt.

Dogma (gr)
»Lehre«; Dogmen sind Lehrsätze, Stücke und Inhalte, die der Christ glauben soll. Sie sind auch im Glaubensbekenntnis enthalten.

Doxologie (gr)
»Lobpreisung«; zum Beispiel der Schluß des Vaterunsers:

»Denn dein ist das Reich und die Kraft und die Herrlichkeit in Ewigkeit.«

Engel (gr)
Der »Bote« (aggelos) Gottes.

Epiklese (gr)
»Anrufung«; Bitte um den Heiligen Geist innerhalb des Eucharistiegebetes.

Epiphanie (gr)
»Erscheinung«; gemeint ist meist die Erscheinung Jesu Christi, die in der Ostkirche am Epiphanias-Fest (Erscheinungsfest), dem 6. Januar, gefeiert wird.

Epistel (gr)
»Brief«; die Briefe der Apostel, die im Gottesdienst aus dem Neuen Testament als Schriftlesung gelesen werden.

Eschatologie (gr)
»Lehre von den letzten Dingen«; die Lehre von der Zukunft der Welt und der Kirche, vom (Wieder-)Kommen Jesu Christi.

Eucharistie (gr)
»Danksagung«; alte Bezeichnung für das Abendmahl; heute oft gebraucht für eine erneuerte Form der Messe (ohne Unterschied der Konfessionen).

Evangelium (gr)
»Gute, frohe Botschaft« oder Nachricht; die christliche Botschaft allgemein, aber auch die Schriftlesung, die aus den vier Evangelien (Matthäus, Markus, Lukas, Johannes) genommen ist.

Evangelikal (gr)
»Dem Evangelium gemäß«; die englische Form für »evangelisch«, die bei uns die Bedeutung von »pietistisch« bzw. »evangelistisch« bekommen hat.

Evangelisation (gr)
Die Verkündigung der Botschaft Jesu Christi.

Evangelisch (gr)
»Dem Evangelium gemäß«; unsere Kirche nennt sich seit der Reformation evangelisch.

Exegese (gr)
»Auslegung« der Bibel.

Firmung (lat)
»Befestigung«; die katholische Handlung, die unserer Konfirmation entspricht.

Frater (lat)
»Bruder«; eine in Klöstern übliche Bezeichnung für die »Klosterbrüder«.

Gloria (lat)
»Lob, Ehre«; ein Stück aus der Liturgie (»Ehre sei Gott in der Höhe...«).

Halleluja (heb)
»Lobt den Herrn!«

Häresie (gr)
»Ketzerei«; eine Aussage, die von der rechten Lehre abweicht.

Hosianna (heb)
»O Herr, hilf!«

Hostie (lat)
Abendmahlsbrot.

Ikone (gr)
»Bild«; Kultbild, sakrales Gemälde, das Christus oder Heilige (mit Szenen aus ihrem Leben) darstellt.

Information (lat)
»Bekanntmachung«.

Interkommunion (lat)
Abendmahlsgemeinschaft verschiedener Konfessionen.

Introitus (lat)
»Eingang«; das Anfangsstück der Liturgie.

Investitur (lat)
»Einkleidung«; die Einführung eines Pfarrers in eine neue Gemeinde.

Kanon (lat)
»Regel, Richtschnur«; biblischen Kanon nennt man die Summe der biblischen Bücher.

Kantor (lat)
»(Vor-)Sänger«; Leiter eines Kirchenchors, der oft auch Organist und für das Singen in der Gemeinde verantwortlich ist.

Kantorei (lat)
»Singegruppe« oder Chor.

Kanzel (lat)
»Schranke«; ein in der Kirche mit Brüstung (Schranke) umgebener Stand für den Prediger.

Kardinal (lat)
Der »Obere«; ein Würdenträger in der katholischen Kirche.

Kasualien (lat)
»Fälle«; Gottesdienste, die aus besonderem Anlaß (casus) gehalten werden: Taufe, Abendmahl, Trauung, Beerdigung.

Katechismus (gr)
»Unterrichtsbuch«; das Lehrbuch des Glaubens in Frage und Antwort und der mündliche Religionsunterricht.

Katechese (gr)
Die christliche »Unterweisung«.

Katechet (gr)
Der Religions-»Lehrer«.

katholisch (gr)
»Allgemein«, allumfassend; bezogen auf die römisch- oder griechisch-katholische Kirche.

Kirche (gr)
»Dem Herrn gehörig« (kyrios); der Bau und die Gemeinschaft der Christen.

Klerus (gr)
»Los, erloster Anteil«; in der katholischen Kirche Bezeichnung für die aus dem Volk (laos = Laie) herausgerufenen Priester.

Kollekte (lat)
»Sammlung« von Gaben im Gottesdienst, aber auch ein kurzes Altargebet zur Sammlung der Gedanken.

Kommunion (lat)
»Gemeinschaft«; gemeinsames Essen und Trinken beim Abendmahl.

Kommunikant (lat)
Teilnehmer am Abendmahl.

Konfession (lat)
»Bekenntnis«.

Konfirmation (lat)
»Befestigung«; gottesdienstliche Handlung als Abschluß des Konfirmationsunterrichts.

Konversion/Konvertit (lat)
»Umkehr«; Übertritt zu einer anderen Konfession.

Konzil (lat)
»Rat, Ratschlag«; die Zusammenkunft der Träger des geistlichen Standes, die mit Sitz und Stimme zu beraten und zu beschließen haben.

Krucifix (lat)
»Gekreuzigter« Jesus Christus; das Kreuz mit einem ans Kreuz gehefteten Jesus-Körper.

Kultus (lat)
Sichtbarer Ausdruck des Glaubens, bei dem Gott verehrt wird.

Kyrie eleison (gr)
»Herr, erbarme dich!« Ein Stück aus der Liturgie.

Laie (gr)
Angehöriger des »Volkes«, nicht der Theologenschaft, ein Nichtpfarrer; ein Glied der Gemeinde.

Lectio continua (lat)
Die »fortlaufende (Bibel-)Lesung« ohne Auswahl bestimmter Texte.

Lektionar (lat)
»Leseordnung«; enthält die Schriftlesungen für die verschiedenen Meßfeiern (an Fest-, Sonn- und Werktagen).

Lektor (lat)
»Leser« oder »Vorleser«; ein Gemeindeglied, das in Vertretung des Pfarrers Lesegottesdienste hält.

Liturgie (lat)
»Dienst«; die Ordnung, der Ablauf des Gottesdienstes: Singen, Beten, Predigen, Opfern usw.

Märtyrer (gr)
»Zeuge« (martys); meistens sind die Blutzeugen gemeint, die um ihres Glaubens willen ihr Leben gelassen haben.

Meditation (lat)
»Nachdenken«, sich konzentrieren; in Gottesdiensten wird Zeit zur Stille bzw. Meditation gelassen: Nachdenken über ein Bild, einen Satz, ein Lied.

Memorial (lat)
»Gedächtnis« (= Anamnese); das Gedächtnis der Heilstaten

Gottes, das bei der Eucharistie Gott als Lobopfer gebracht wird.

Memorieren (lat)
»Ins Gedächtnis einprägen«; auswendiglernen von Sprüchen und Liedern.

Mesner (lat)
»Der bei der Messe Dienende«; der Kirchendiener, der Küster.

Messias (heb)
»Der Gesalbte« (= Christus).

Ministrant (lat)
»Diener« (minister); Diener oder Helfer (auch Meßdiener), der bei der Eucharistie hilft.

Mission (lat)
»Sendung« in die Welt.

Missionar (lat)
Der »Gesandte«, der »Bote« (= Apostel).

Monstranz (lat)
»Zeige-Gerät« für eine Hostie in der katholischen Kirche.

Oblate (lat)
Das »Dargebrachte«; dünne Gebäckunterlage, als Brot beim Abendmahl gereicht.

Offertorium (lat)
»Darbringung« der Gaben als Dankopfer, auch Gebete oder Gesänge bei der Feier der Eucharistie.

Ökumene (gr)
»Die ganze bewohnte Welt«; die Kirche hat ihr Ziel in der ganzen Welt. Die katholische Kirche verstand bisher ihre Mission als ökumenisch. Heute bezeichnet Ökumene die Bestrebungen, die Einheit der Christen zu fördern (Ökumenische Bewegung und evangelisch-katholisch).

Opfer (lat)
»Das Dargebrachte«; Spende für Gott.

Ordination (lat)
»Einsetzung in die Ordnung«; feierliche Einsetzung eines Vikars in die Ordnung (ordo) bzw. in das Amt des Pfarrers.

Orgel (lat)
Größtes Tasteninstrument (organum) mit dem größten Tonumfang.

Orthodoxie (gr)
»Rechtgläubigkeit«.

Papst (lat)
»Vater« (= papa); das geistliche Haupt der katholischen Kirche, der »Heilige Vater«.

Paramente (lat)
Die mit (Kirchenjahres-)Symbolen versehenen Gedecke und Tücher für Altar, Kanzel und Taufstein (z. B. Antependium).

Parochie (gr)
»Pferch«, Kirchspiel, Gemeinde, Gemeindebezirk, dem der parochus = Pfarrer zugeteilt ist.

Passa (heb)
»Das Passafest« mit Mahl,

das die Juden seit dem Auszug aus Ägypten feiern.

Passion (lat)
Das »Leiden« Jesu; die Zeit vor Ostern.

Pastor (lat)
»Hirte«; in Württemberg und anderen Kirchen Pfarrer genannt.

Pate (lat)
»Vater« (pater); der geistliche Vater seines Patenkindes.

Pater (lat)
»Vater«; in der katholischen Kirche eine Bezeichnung von Geistlichen, die zu einem Orden gehören.

Patene (gr)
Der Teller für die Hostien beim Abendmahl.

Perikope (gr)
»Abschnitt«; der zur Lesung aus dem Alten und Neuen Testament ausgewählte Bibelabschnitt. Die Perikopenordnung kennt sechs Jahrgänge, die jeweils mit dem ersten Advent beginnen.

Pfarrer (gr)
Der für eine Parochie (Pferch) zuständige Geistliche (parochus).

Pfingsten (gr)
Der »fünfzigste« Tag nach Ostern (pentekoste).

Pietismus (lat)
»Frömmigkeit«; eine Reformbewegung, die im siebzehnten und achtzehnten Jahrhundert ihren Anfang nahm.

Pluralismus (lat)
»Vielfalt« in der Kirche.

Pope (gr)
»Vater« (pappa); Weltpriester in der griechisch-orthodoxen Kirche.

Postludium (lat)
»Nachspiel«.

Prädikant (lat)
Ein beauftragter Laien-»Prediger«.

Präfation (lat)
Feierliches Lob- und Dankgebet in der Liturgie.

Prälat (lat)
Der leitende Pfarrer eines Kirchengebietes, zu dem einige Dekanate gehören (Prälatur).

Praeludium (lat)
»Vorspiel«.

Predigt (lat)
Die »Verkündigung« der biblischen Botschaft im Gottesdienst (praedicare).

Presbyter (gr)
»Ältester«; Mitglied der Gemeindeleitung (in Württemberg Kirchengemeinderat).

Psalmodie (heb)
Im Wechsel gesungene biblische »Psalmen« (also Lieder) nach (der Länge der Psalmen angepaßten) Melodiemodellen.

Qumran (heb)
Der Ort in Israel, an dem alte Bibelhandschriften (Jesajarolle und andere) gefunden wurden.

Reflexion (lat)
»Denken, Nachdenken«.

Reformation (lat)
»Erneuerung, Wiederherstellung« der Kirche zur Zeit Martin Luthers, aber auch zugleich eine immerwährende Aufgabe der Kirche (»ecclesia semper reformanda«).

Religion (lat)
»Rückbindung«; Erleben und Erfahren einer höheren Macht.

Requiem (lat)
»Ruhe«; katholische Toten- und Seelenmesse.

Responsorium (lat)
Liturgischer »Wechselgesang«.

Ritus (lat)
Gottesdienstlicher Brauch in Wort, Geste und Handlung.

Sakrament (lat)
»Heilige Handlung«; im evangelischen Sinn Taufe und Abendmahl; eine auf Christus zurückgehende sichtbare Handlung, bei der unsichtbare Gnadengabe vermittelt wird.

Sakristei (lat)
»Heiliger Raum«; Nebenraum in Kirchen zur Aufbewahrung gottesdienstlicher Geräte und Gewänder.

Salutatio (lat)
»Begrüßung«.

Sanctus (lat)
»Heilig«; das Drei-Mal-Heilig aus der Liturgie (auf Jesaja 6 zurückgehend).

Satan (heb)
»Der Teufel«.

Schola (lat)
Ein Chor, der die gottesdienstlich-liturgischen Gesänge im Wechsel mit der Gemeinde singt.

Spiritualität (lat)
»Geistlichkeit, geistliche Bewegung« in der Kirche.

Spiritual (lat)
Mit der »geistlichen Leitung« beauftragter Geistlicher in katholischen Orden. Dazu auch »geistliche Negerlieder«.

Stola (gr)
Langer, schmaler Umhang der Schola oder der Pfarrer.

Superintendent (lat)
»Aufseher«; in der Wortbedeutung gleich mit »Bischof«, in der Beauftragung ähnlich wie Dekan oder Prälat.

Synagoge (gr)
»Versammlungsraum« der Juden, Gemeindehaus.

Synode (gr)
»Versammlung aus gewählten Vertretern auf Kirchenbe-

zirks-, Landeskirchen- und EKD-Ebene.

Synopse (gr)
»Zusammenschau«; die drei ersten Evangelien kann man als verwandte Berichte zusammensehen; man nennt sie deshalb auch »Synoptiker«.

Tabernakel (lat)
»Zelt«; in katholischen Kirchen Aufbewahrungsort der geweihten Hostie auf dem Altar.

Talar (lat)
Bis zu den Knöcheln reichendes, weites Amtskleid der Pfarrer, Juristen und (als Festtracht) akademischer Lehrer.

Testament (lat)
»Ordnung, Vertrag, Bund« Gottes mit den Menschen; die Bibel besteht aus dem Alten und dem Neuen Testament.

Teufel (gr)
»Durcheinanderbringer« (diabolos), der Böse.

Text (lat)
»Gewebtes«; der biblische Text, die Bibel.

Theologie (gr)
»Lehre von Gott«.

Tradition (lat)
»Überlieferung«.

Transsubstantiation (lat)
Die katholische Lehre von der »Verwandlung von Brot und Wein in eine andere Substanz«.

Trinität (lat)
Die »Dreieinigkeit« Gottes, Vater, Sohn und Geist (vgl. Trinitatis-Sonntage).

Union (lat)
»Vereinigung« mehrerer Staaten oder Kirchen.

Velum (lat)
»Schleier«; liturgisches Tuch, mit dem die Abendmahlsgefäße bedeckt bzw. verhüllt sind.

Verbum visibile (lat)
»Sichtbares Wort«; damit meint man das Abendmahl.

Vikar (lat)
»Vertreter«; ein angehender Pfarrer, der noch keine Pfarrstelle hat.

Vision (lat)
»Schauung«; ein Gesicht, das als Eingebung Gottes gilt.

Visitation (lat)
»Besuch« des vorgesetzten Geistlichen in den ihm zugeteilten Gemeinden zur Erfüllung seiner Aufsichtspflicht.

Vulgata (lat)
Die von der katholischen Kirche genehmigte lateinische Übersetzung der Bibel.

Zölibat (lat)
Die Ehelosigkeit der katholischen Priester.

II. Abkürzungen

Wie in allen Lebensbereichen sind auch in der Kirche Abkürzungen für immer wiederkehrende Gegenstände, Vorgänge und Institutionen üblich. Damit bekommen zum Beispiel Institutionen, die einen langen, umständlichen Namen haben, eine praktische und jederzeit kurz aussprechbare Formel. Aber nicht jeder kennt diese Kürzel. Oft erscheinen sie wie eine Fremdsprache. Die folgenden nicht vollständig aufgezählten Abkürzungen sollen ein wenig zum Verständnis helfen.

a. Chr.	ante Christum natum = vor Christi Geburt
ACK	Arbeitsgemeinschaft Christlicher Kirchen
A. D.	Anno Domini = im Jahr des Herrn
AEJ	Arbeitsgemeinschaft der Evangelischen Jugend
AES	Arbeitsgemeinschaft der Evangelischen Schülerarbeit
AT	Altes Testament
BK	Bekennende Kirche oder Bibelkreis
CVFM	Christlicher Verein für Frauen und Mädchen
CVJM	Christlicher Verein Junger Männer (oder Menschen)
DAS	Deutsches Allgemeines Sonntagsblatt (Wochenzeitung)
EAB	Evangelische Arbeiterbewegung
EAiD	Evangelische Akademikerschaft in Deutschland
EAK	Evangelische Arbeitsgemeinschaft zur Betreuung der Kriegsdienstverweigerer
EB	Evangelischer Bund
EC	Jugendbund für Entschiedenes Christentum
EG	Einheitsgesangbuch
EJW	Evangelisches Jugendwerk
EKD	Evangelische Kirche in Deutschland
EKG	Evangelisches Kirchengesangbuch
EKU	Evangelische Kirche der Union
EMP	Evangelische Mädchenpfadfinder
EREV	Evangelischer Erzieher-Verband e.V.
ERF	Evangelische Reise- und Feriendienste e.V.
KGO	Kirchengemeindeordnung
KGR	Kirchengemeinderat
KR	Kirchenrat
MBK	Mädchenbibelkreis
NT	Neues Testament
ÖRK	Ökumenischer Rat der Kirchen (in Genf)

OKR	Oberkirchenrat
p. Chr.	post Christum natum = nach Christi Geburt
PGB	Pfarrer-Gebetsbruderschaft
VCP	Verein christlicher Pfadfinder(bünde)
VELKD	Vereinigte Evangelisch-Lutherische Kirche in Deutschland
YMCA	Young Men's Christian Association (CVJM)
YWCA	Young Women's Christian Association (CVFM)

Literaturhinweise

Nicht mehr alle Bücher, die als Grundlage für die Erarbeitung der verschiedenen Artikel dienten, sind heute noch im Buchhandel zu erhalten. Sie werden aber, um der Vollständigkeit willen, trotzdem angegeben.

Für alle Bereiche
Die Religion in Geschichte und Gegenwart. Tübingen ^{2}1927ff und ^{3}1957ff

Zum Gotteshaus
Albrecht Binetsch (Hg.), Mesner-Handbuch. Stuttgart 1974
Otto Schlißke, Steine reden. Stuttgart 1954

Zum Kirchenjahr
Lene Frenzel, Von einem Jahr zum andern. Stuttgart 1955
Gerhard Hennig (Hg.), Feste feiern im Kirchenjahr. Stuttgart 1974
Lydia Präger, Die Gabe des Kirchenjahrs. Stuttgart 1955

Zu den Symbolen
Gerd Heinz-Mohr, Lexikon der Symbole. Neuausgabe Düsseldorf und Köln 1981
Manfred Lurker, Wörterbuch biblischer Bilder und Symbole. München 1973
Christian Rietschel, Sinnzeichen des Glaubens. Kassel 1965
Edouard Urech, Lexikon christlicher Symbole. Konstanz 1976

Zu den Fremdwörtern
Helmut Meerwein, Kirchliche Fremdwörter. Karlsruhe 1965